EIS & SORBETS

EIS &
SORBETS

TEXT: MONIKA SCHUSTER | FOTOS: KLAUS-MARIA EINWANGER

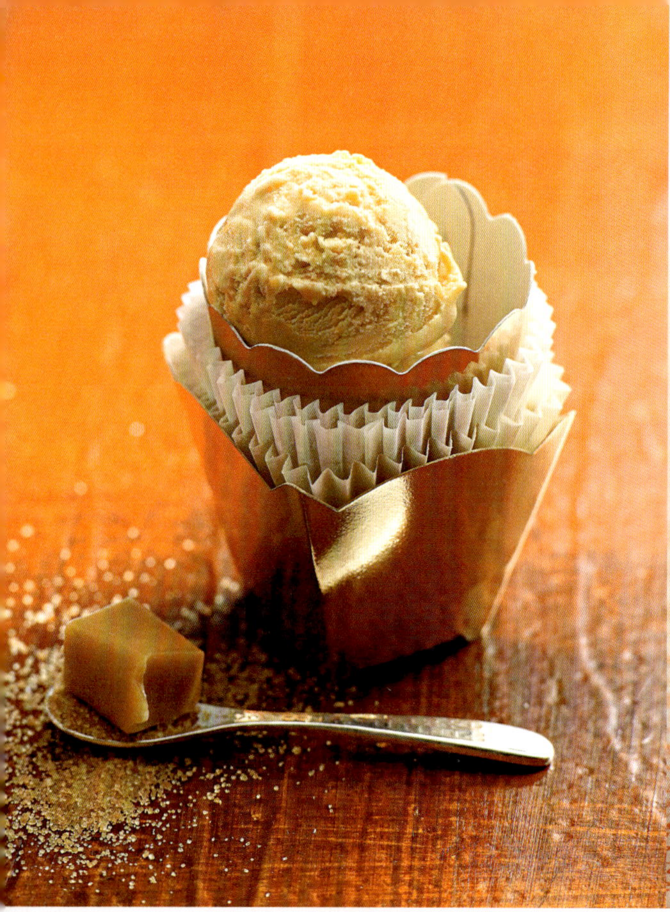
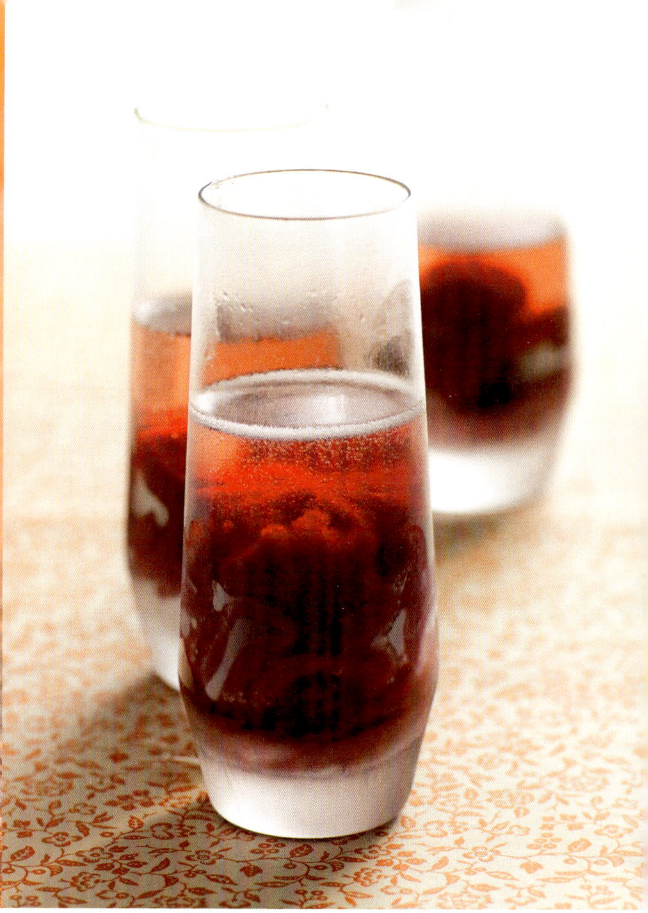
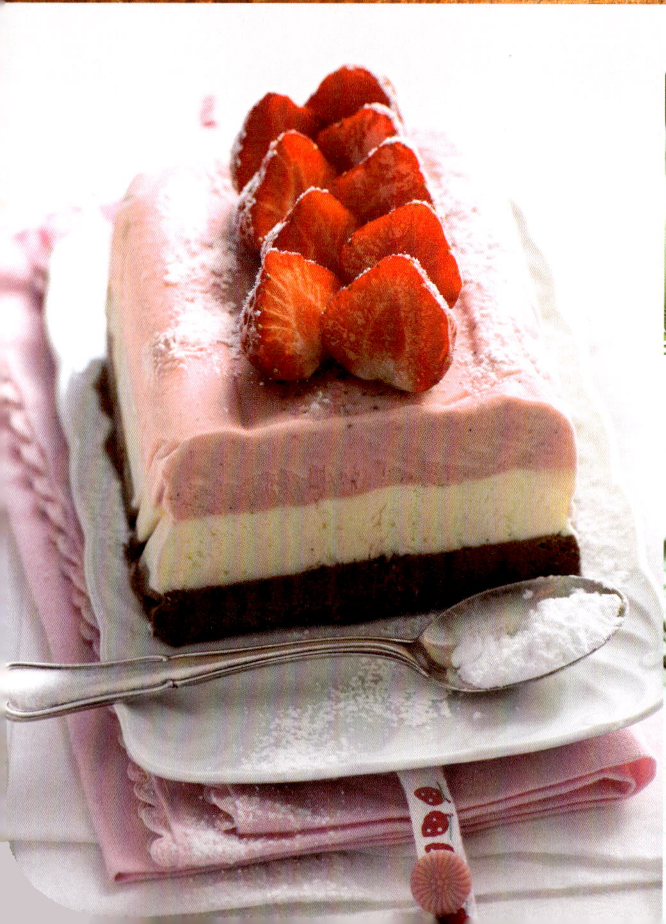
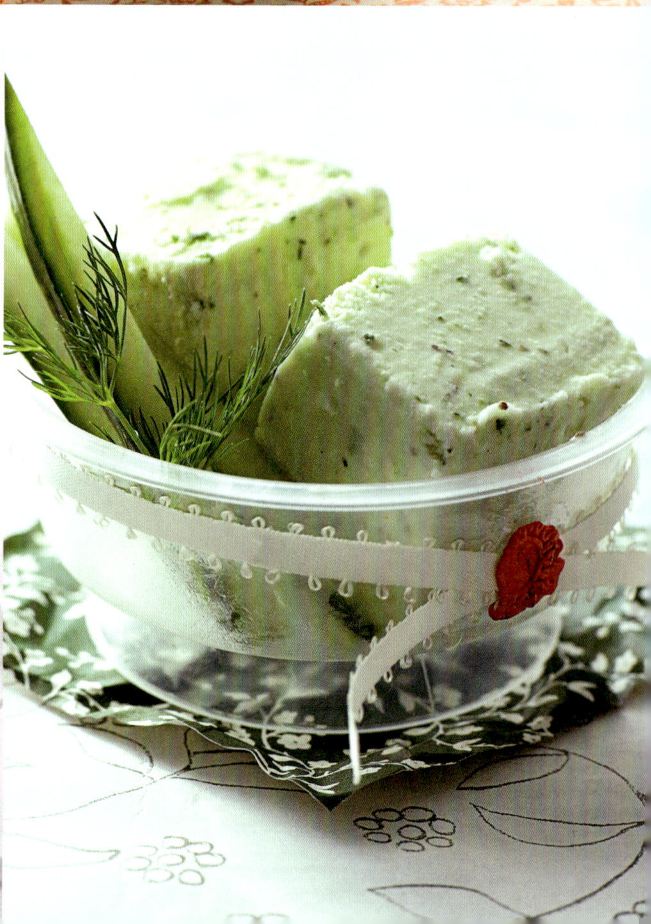

INHALT

Die Lust
am Eis schlecken ...

Eis war von jeher Luxus, Genuss und Verführung in einem. Im alten China und der Antike bereits bekannt und beliebt, machten erst die Araber das »Scherbet« – Halbgefrorenes aus Fruchtpüree und Zucker – im Mittelalter in Südeuropa so richtig populär. Katharina von Medici brachte die kalte Köstlichkeit mit an den französischen Hof, wo sie alsbald salonfähig wurde.

In Italien verfeinerte und bereicherte man die Eiskreationen dann immer weiter, wie eine Schrift aus dem Jahr 1692 belegt und das erste Eisbuch »De sorbetti« von 1775 bestätigt. Aber erst dank der Erfindung von Kältemaschinen durch Carl von Linde schafften Eisspeisen den Durchbruch bei einer breiten Bevölkerung, was dann um 1920 zu den ersten italienischen Eisdielen in Deutschland führte. Auch die industrielle Herstellung von Eis ließ jetzt nicht mehr lange auf sich warten: In den Mittdreißigern begründeten die Firmen Langnese und Schöller ihre Imperien.

Heute gibt es eine solche Vielzahl von Eissorten und -kreationen, dass man leicht den Überblick verliert. Einige Klassiker aber, die Sie natürlich auch in diesem Buch finden, erfreuen sich ungebrochener Beliebtheit und gelten nach wie vor als Basis für bestimmte Eisspezialitäten.

Eis selber machen

Dank moderner Technologie ist es heute kein Problem mehr, Eis in der häuslichen Küche zu rühren. Für die Zubereitung von cremigem Speiseeis und Sorbet benötigen Sie eine Eismaschine, für Granité und Parfait reicht schon das Tiefkühlfach.

Selbst gemachtes Eis muss man aber klar unterscheiden von Eis, das ein professioneller Eismacher herstellt. Der Profi-Eishersteller verfügt über äußerst leistungsstarke Maschinen, die mit entsprechenden Kühlmotoren und großen Rührwerken ausgestattet sind. Diese erzeugen feine Luftbläschen und halten die Eiskristalle klein – so bleibt das Eis schmelzend cremig. Außerdem kann und muss professionell erzeugtes Eis Zusatzstoffe enthalten, die eine längere Haltbarkeit ermöglichen und den strengen behördlichen Hygienevorschriften gerecht werden. Und gerade darin liegt der große Unterschied zu selbst gemachtem Eis: Da bei der Zubereitung von Eis meist rohe Produkte verwendet werden (pürierte Früchte, frische Eier), müssen Sie besonderen Wert auf die Qualität Ihrer Zutaten und die Lagerzeit Ihres Endprodukts legen. Der professionelle Eismacher dagegen kann auf Lezithin- und Glukosepulver oder andere Zusatzstoffe zurückgreifen, die in kleinen Haushaltsmengen (noch) nicht zu erwerben sind.

Kleine Sortenkunde

Neben den verschiedenen Geschmacksrichtungen, die Eis haben kann, unterscheidet man die einzelnen Eissorten nach Kategorien:

Cremeeis muss einen Anteil von mindestens 50 Prozent an Milch haben. Auf 1 Liter Milch enthält es zudem mindestens 270 Gramm Vollei oder 90 Gramm Eigelb. Natürliche Geschmacksstoffe verleihen ihm sein Aroma.

Milcheis besteht zu etwa 70 Prozent aus Milch. Es wird zumeist mit Fruchtmark aromatisiert und mit reinem Zucker gesüßt.

Kalte Köstlichkeiten – für jeden Geschmack das Richtige.

Fruchteis besitzt einen Anteil von mindestens 20 Prozent an reinen Früchten. Ausnahme: Eissorten, die auf Basis saurer Früchte (z. B. Zitronen, Orangen) hergestellt werden – sie müssen nur einen Fruchtanteil von 10 Prozent haben.

Sahneeis sollte mindestens 60 Prozent reine Sahne enthalten, entweder in geschlagener oder flüssiger Form. Sein hoher Fettgehalt verleiht diesem Eis eine besonders cremige und aromatische Note.

Parfait oder Halbgefrorenes heißt ein Sahneeis, dem neben der geschlagenen Sahne auch noch Eigelb zugefügt wird. Für die Herstellung eines Parfaits ist keine Eismaschine notwendig.

Sorbet bezeichnet eigentlich gefrorenes Wasser, das mit Fruchtsäften aromatisiert und Zucker gesüßt wird. Heute wird ein Sorbet aus Zuckersirup, Fruchtmark sowie Eischnee oder Weißwein oder Sekt gerührt.

Granité, die klassisch sizilianische Eisspeise, ist dem Sorbet nah verwandt. Allerdings wird eine reine Granita – wie das Eis in Italien heißt – ausschließlich mit Fruchtsaft und Zuckersirup zubereitet und dann unter oftmaligem Rühren nach und nach gefroren. So ensteht eine körnige Eismasse, die dann mit einer Gabel abgeschabt wird.

Industrielle Eiscreme hat einen Mindestanteil an Milchfett von 10 Prozent.

Eismaschinen – die Technik
und worauf es ankommt

Bestimmte Eissorten, Cremeeis und Sorbets sollten mit einer Eismaschine zubereitet werden. Natürlich kann man auch rühren, immer wieder einfrieren, weiterrühren ... Allein, wer hat die Zeit, die Nerven und den trainierten Arm für eine solche Prozedur? Und trotz all dieser Arbeit wird das Ergebnis nie vergleichbar sein mit der sahnigcremigen Konsistenz, die erst die Eismaschine ermöglicht.

In der Eismaschine nämlich wird die jeweilige Eismasse in einem Behälter durch ständiges Rühren gefroren, d.h. die Masse gefriert am Rand des Behälters. Durch die permanente Rührbewegung werden die bereits gefrorenen Kristalle immer wieder ins Eis gerührt, zudem wird noch Luft untergezogen. So friert nach und nach die gesamte Masse mit Volumen. Und dennoch gibt es Unterschiede zur professionellen Eisherstellung. Der Profi-Eismacher hat entsprechend große Maschinen mit weitaus leistungsstärkeren Motoren sowie Rührwerken. Diese sind in der Lage, noch mehr Volumen unter das Eis zu heben, was sich wiederum auf die Feinheit und Cremigkeit des Eises auswirkt. Da Profi-Eismacher den gesetzlichen Hygienevorschriften unterliegen, haben sie auch bei den verwendeten Zutaten strenge Auflagen, was z.B. zur Verwendung von verpackten Fruchtpürees und Eipulver führt. Auch die Verwendung von Glukose (wie vorne bereits erwähnt), für einen Normalmenschen kaum erhältlich, macht sich im Profi-Eis bemerkbar hinsichtlich Konsistenz und Haltbarkeit.

Unterschiedliche Modelle
Wer ein ausgewiesener Eisliebhaber ist, dem ist anzuraten, sich eine Maschine zuzulegen, zumal der Handel unterschiedliche Modelle in den verschiedensten Preiskategorien anbietet.
Je nach Eismaschine frieren die verschiedenen Eissorten unterschiedlich lang. Zeiten zwischen 30 und 60 Minuten sind der entsprechenden Leistungsstärke

der Maschinen geschuldet. Deshalb sind in den Rezepten keine konkreten Zeiten angegeben. Beachten Sie die Bedienungsanleitung Ihrer Eismaschine.

Die Zutaten machen's
Entscheidend für die Konsistenz sowie den Geschmack von hausgemachtem Eis sind die Zutaten. Klar, absolut frisch sollten sie alle sein. Aber was heißt das genau?
Verwendete Früchte müssen aromatisch und reif sein – aber auf keinen Fall beschädigt! Bedenken Sie immer: Dadurch, dass jegliche Art des Garens wegfällt, wird Ihr Eis genau nach dem schmecken, was die jeweiligen Früchte an Aromastoffen in sich tragen.
Bei Cremeeis, bei dem Ei zum Einsatz kommt, achten Sie unbedingt auf erstklassige Qualität der Eier sowie auf die Frische von Sahne und Milch. Diese Produkte sind ein guter Nährboden für allerlei Mikroorganismen, die für den Menschen unter Umständen schädlich sein können. Achten Sie deshalb bei der Eiszubereitung neben der Frische der verwendeten Zutaten auch auf saubere Küchenutensilien und Hände.
Durch ihren Fettgehalt sind Sahne und Milch ein hoher Geschmacksträger. Greifen Sie hier, z.B. bei der Milch, zu vollfetten Produkten. Damit schmeckt das Eis nicht nur besser, es wird auch cremiger.
Eisliebhaber, die nicht nur im Sommer lustvoll schlecken möchten, können für winterliche Genüsse Erdbeeren, Himbeeren, Brombeeren oder Pflaumen auch portionsweise einfrieren.

1 Eismaschinen sorgen für eine sahnigcremige Konsistenz bei Milchspeiseeis.

2 Frische, aromatische Zutaten sind die Grundvoraussetzung für leckeres Eis.

Aufbewahren und Servieren

Selbst gemachtes Eis, Sorbet und Parfait etc. kann man durchaus 4 bis 5 Tage im luftdicht verschlossenen Behälter im Gefrierfach aufbewahren. Spätestens dann sollten Sie es aber aufbrauchen und auf keinen Fall ein weiteres Mal einfrieren. Dennoch: Frisch gerührt und gefroren schmeckt Eis einfach am besten, daher nicht zu lange aufbewahren. Außerdem wird das Eis durch zu langes Frieren sehr hart und verliert seine typisch cremige Konsistenz.

Daher ist es auch ratsam, das Eis etwa 20 Minuten vor dem Servieren aus dem Gefrierfach zu nehmen. So kann es leicht antauen, wird wieder etwas cremiger und lässt sich somit auch besser portionieren.

Schön angerichtet

Besonders hübsch lassen sich Eis, Sorbet oder Granité in vorgefrosteten Gläsern oder Schälchen aus Glas, Keramik oder Porzellan anrichten. Darin schmilzt das Eis auch nicht ganz so schnell. Bei vielen Gästen oder Familienmitgliedern portionieren Sie das Eis gleich in die gewählten Behältnisse und stellen es dann nochmals ins Tiefkühlfach.

Rechnen Sie pro Person 2 bis 3 Kugeln Eis oder Sorbet, das entspricht einer Menge von 60 bis 100 Gramm.

Zum Dekorieren von Eis gehören natürlich Waffeln, Kekse oder Biskuits. Im Handel gibt es immer mehr tolle Dekoideen, wie etwa Eisschalen aus Schokolade, Blätterteig oder Mürbeteig. Verzieren Sie mit fertigem Krokant, Zuckerstreuseln, Schokoladenspänen, Liebesperlen, kandierten Früchten oder Blumen.

Für Schleckermäuler darf frisch geschlagene Sahne auch nicht fehlen. Und frische Früchte wie Erdbeeren, Brombeeren, Himbeeren, Johannisbeeren, Mango, Melone oder Ananas sind ideale Begleiter zu selbst gemachtem Eis. So kann Obst hübsch aussehen und lecker schmecken: Frisch aufgeschnittene Früchte auf Holzspieße stecken und zu Eis oder Granité servieren – ideal, gerade an heißen Sommertagen.

Nützliche Helfer
für die Eiszubereitung

Neben einer Eismaschine sind noch einige andere Gerätschaften hilfreich bzw. notwendig. Sollten Sie häufiger Eis selbst herstellen, dann ist es empfehlenswert, sich diese Gerätschaften zuzulegen.

1 Bratenthermometer Ein nützlicher Helfer nicht nur für Braten aller Art. Tauchen Sie das Thermometer in die heiße Eiscrememasse. Anhand der angezeigten Temperatur können Sie den empfindlichen Vorgang des »Zur-Rose-Abziehens«, perfekt durchführen.

2 Eisportionierer Sie gibt es in unterschiedlichen Ausführungen – rund, eckig oder zum Schaben, aus Kunststoff oder Edelstahl. Ein Hebelmechanismus hebt die geformte Kugel aus der Halbkugel des Portionierers heraus. Es empfiehlt sich, den Eisportionierer während des Kugelabstechens immer wieder in heißes Wasser zu tauchen. So gleitet er weitaus leichter durch das Eis hindurch.

3 Gummispatel (Gummimambo) Durch die glatte Kante des Gummispatels wird die gesamte Masse in der Rührschüssel bewegt, ohne Reste zu hinterlassen. Außerdem kann man aufgrund der Elastizität des Gummis bis auf den Boden des Schlagkessels rühren.

4 Kühlelemente oder Eiswürfel Kühlelemente werden im Gefrierfach tiefgefroren. Nach dem Herausnehmen bleibt die enthaltene Flüssigkeit lange in den Elementen gebunden und kühlt. Bei der Eisherstellung leisten Kühlelemente oder bereitgestellte Eiswürfel beste Dienste, denn beim Abkühlen der jeweiligen Eisgrundmasse ist Schnelligkeit gefragt.

5 Pürierstab Dank dieses nützlichen Helfers erhalten Saucen (z. B. auch Fruchtpürees) und Suppen eine wunderbar cremige Konsistenz, da er etwas Volumen einbringt.

6 Schaber (zum Herausnehmen des Gefrorenen aus der Eismaschine) Plastikschaber sollten sowohl für antihaftbeschichtetes Kochgeschirr als auch für Eismaschinen verwendet werden. Die metallisch scharfen Kanten anderer Gerätschaften dagegen zerstören die empfindliche Beschichtung von Kochgeschirr oder Eisbehälter.

7 Schlagkessel (Metallschüssel mit rundem Boden) Der Schlagkessel – am besten aus Edelstahl – kann dank seines abgerundeten Bodens perfekt und ohne abzurutschen auf einen Topf aufgesetzt werden. So eignet er sich bestens für Wasserbäder, ob kalt oder heiß. Dank der Bodenabrundung bleibt auch nichts in Kanten und Rändern hängen. Profis verwenden gerne auch die kostspielige Variante aus Kupfer. Kupfergeschirr leitet die Hitze besonders gut und ist daher in jeder guten Patisserie zu finden.

8 Spritzbeutel-Set Ein Spritzbeutel mit großer Loch- und Sterntülle ist unentbehrlich, um empfindliche Eiweißmassen für Baisers oder Brandteig für Windbeutel z. B. aufs Blech zu spritzen. Nützliche Dienste leistet das Set auch beim Verzieren von Eis mit frisch geschlagener Sahne.

9 Waffelautomat für selbst gemachte Hörnchen Das flache Waffeleisen zum Backen von Hörnchenplatten ist nicht zu verwechseln mit dem herkömmlichen Waffeleisen. Es sind spezielle Geräte, auf die die Teigmenge gegossen und dann gebacken wird. Zumeist liegt ein Hörnchenroller zum Aufrollen der frisch gebackenen Waffel bei.

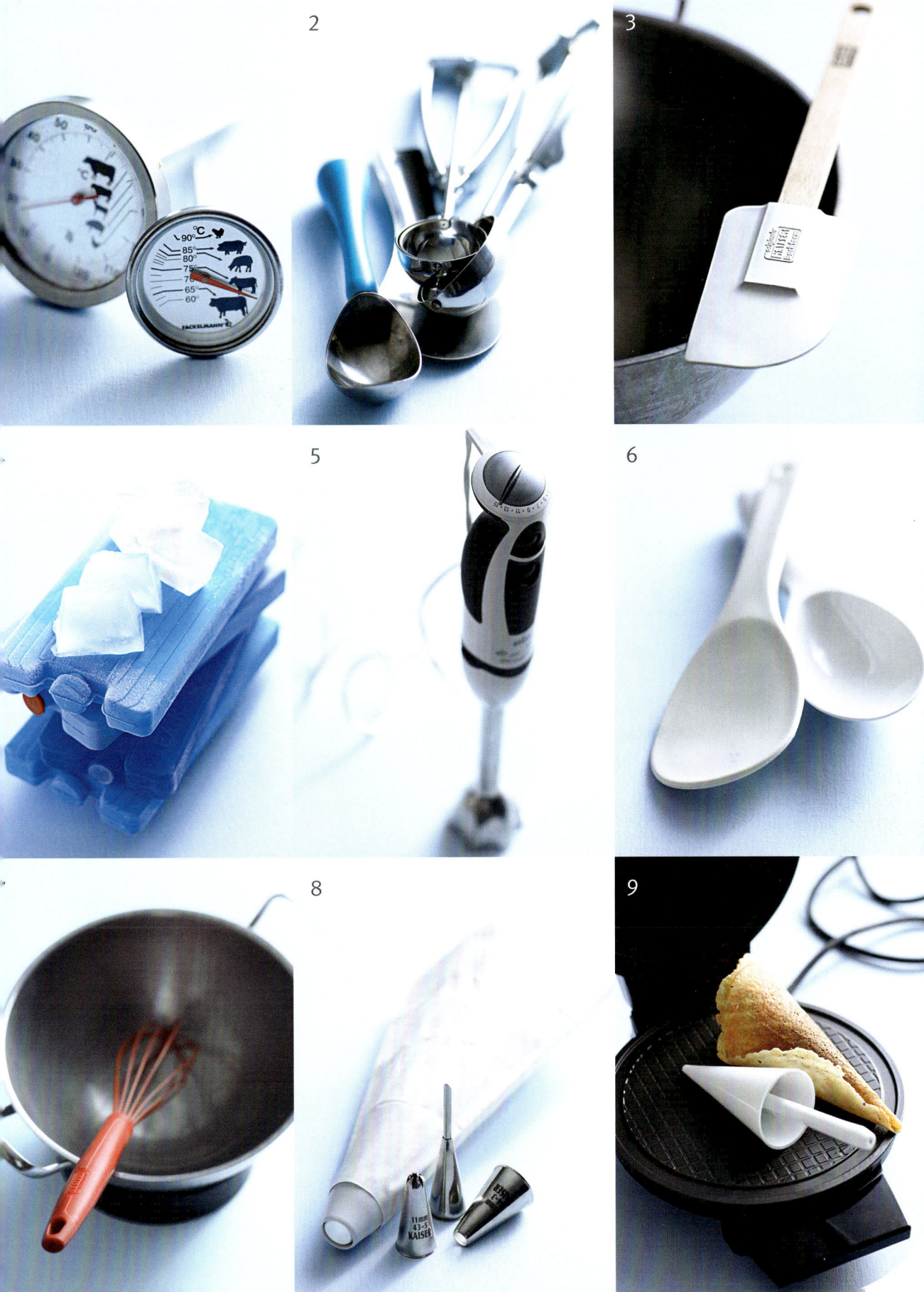

Wichtige Küchentechniken

Neben den nützlichen Helfern sind die folgenden Küchentechniken sinnvoll zu erlernen bzw. anzuwenden. Alle vier vorgestellten Arbeitsvorgänge eint, dass man sich ein bisschen Zeit nehmen sollte und sorgfältig arbeiten muss. Das Ergebnis dankt es Ihnen dafür umso mehr.

1 Heißes Wasserbad/kaltes Wasserbad

Für ein heißes Wasserbad etwa ein Drittel eines kleinen Topfes mit Wasser füllen und aufkochen lassen. Den Schlagkessel oder eine passende Schüssel aus Edelstahl auf das heiße Wasserbad setzen. Die Schüssel sollte das kochende Wasser nicht berühren, sondern nur durch den heißen Dampf erhitzt werden. Außerdem sollte das Wasser nicht überkochen, daher die Temperatur auf mittel oder klein stellen.

Zum schnelleren Abkühlen der Masse die Schüssel auf Eiswasser stellen. Dafür eine größere Schüssel mit Wasser, Eiswürfeln oder Kühlelementen ins Waschbecken stellen, die Eismasse daraufsetzen und in 8 bis 10 Minuten kalt rühren.

2 Zur Rose abziehen

Die Eisgrundmasse mit einem Gummispatel zur »Rose« abziehen, d. h. die Masse je nach Menge 4 bis 5 Minuten unter ständigem Rühren (nicht schlagen) binden. Zur Sicherheit das Bratenthermometer in die Masse stecken. Perfekt gebunden ist die Masse bei 75–80° – heißer sollte sie nicht werden, da sie ansonsten gerinnt. Pustet man jetzt auf den Gummispatel, bildet sich eine kleine Blume. Daher stammt auch der Ausdruck zur »Rose« abziehen.

3 Kuvertüre schmelzen

Ein heißes Wasserbad vorbereiten (siehe Punkt 1). Die Kuvertüren-Schokolade mit einem Messer grob hacken und in eine passende Edelstahlschüssel (Schlagkessel) geben. Die Schüssel auf den Topf setzen, dabei darf der Schüsselboden das Wasser nicht berühren. Die Kuvertüre langsam schmelzen lassen. Dabei gelegentlich, am besten mit einem Gummispatel, umrühren.

4 Karamellisieren

Je nach Rezept nur Zucker oder Zucker mit Wasser in einen Topf geben. Erhitzen und bei mittlerer Hitze köcheln lassen, bis sich der Zucker bernsteinfarben verfärbt, d. h. karamellisiert. Den Topf dabei etwas hin und her schwenken, sodass sich noch nicht gelöster Zucker mit bereits gelösten Zuckerkristallen verbinden kann. Man kann dafür auch mit einem Kochlöffel vorsichtig im Karamell rühren. Am besten aber lässt man den Zucker langsam schmelzen, ohne groß darin zu rühren.

CREMIGE VERFÜHRER

Schon mit einer Handvoll Zutaten lässt sich herrlich cremiges
Eis rühren. Jetzt noch ein paar frische Früchte, etwas Schokolade
oder Kaffee dazu, und schon entstehen köstliche Schleckereien
in der hauseigenen Eisdiele – natürlich serviert in selbst gebackenen Waffeln.

Klassisches Vanilleeis

Fein aromatisch mit echter Vanille

Für etwa 500 g Eis
2 Vanilleschoten
200 ml Milch (3,8 % Fett)
300 g Sahne
4 Eigelbe (Größe M)
80 g Zucker

Zubereitung: 20 Min.
Frieren: 30–60 Min.

Pro Portion: ca. 415 kcal, 7 g EW
32 g F, 25 g KH

1 Die Vanilleschoten mit einem kleinen scharfen Messer längs aufritzen und das Mark mit dem Messerrücken herausschaben. Schoten und Mark mit Milch und Sahne in einem kleinen Topf aufkochen lassen. In einem zweiten Topf ein heißes Wasserbad vorbereiten (s. S. 13).

2 Eigelbe und Zucker in einem Schlagkessel mit dem Schneebesen glatt verrühren. Die heiße Vanillesahne zügig unter Rühren in die Eigelb-Zucker-Mischung gießen. Die Schüssel auf das heiße Wasserbad setzen und mit einem Gummispatel zur Rose abziehen (s. S. 13).

3 Die Vanillemasse durch ein feines Sieb in eine kalte Schüssel streichen. Die Schüssel zum schnelleren Abkühlen auf ein kaltes Wasserbad setzen und die Masse in 8–10 Min. kalt rühren.

4 Die kalte Vanillemasse in die Eismaschine füllen und cremig fest frieren lassen. Das fertige Eis aus der Maschine schaben und sofort servieren oder in einem Gefrierbehälter tiefkühlen.

Tipp Die Vanillegrundmasse können Sie problemlos am Vortag zubereiten: Dann die ausgekühlte und mit einer Frischhaltefolie abgedeckte Masse über Nacht kühl stellen. Vor dem Servieren in der Eismaschine frieren lassen.

Stracciatella-Eis
mit Vanille-Rum-Waffeln

Immer wieder gern geschleckt

Für etwa 600 g Eis und 10 Waffeln
100 g Zartbitterkuvertüre
1 Rezept Vanillegrundmasse
  (s. S. 16)
Für die Vanille-Rum-Waffeln:
60 g Butter
½ Vanilleschote
120 g Zucker
1 Ei (Größe M)
120 g Mehl
1 Prise Salz
1 Spritzer Rum
Pflanzenöl zum Backen
Außerdem:
Waffelhörnchenautomat (18 cm Ø)

Zubereitung: 30 Min.
Backen: 40 Min.
Frieren: 30–60 Min.

Pro Portion: ca. 930 kcal, 13 g EW
58 g F, 89 g KH

1   Die Kuvertüre grob hacken und über dem heißen Wasserbad schmelzen lassen (s. S. 13). Die flüssige Kuvertüre vollständig abkühlen lassen, dabei gelegentlich umrühren.

2   Die kalte Vanillegrundmasse in die Eismaschine füllen und cremig fest frieren lassen. Die zähflüssige Kuvertüre in einen Gefrierbeutel füllen, eine kleine Ecke abschneiden und langsam bei laufendem Motor ins Eis laufen lassen. Das fertige Eis aus der Maschine schaben und in einem Gefrierbehälter tiefkühlen.

3   Für die Waffeln die Butter in einem kleinen Topf schmelzen. Die Vanilleschote längs aufritzen und das Mark herausschaben. Zucker, Ei, Mehl, Salz, 160 ml warmes Wasser, Rum und das Vanillemark zu einem glatten Teig verrühren. Die flüssige Butter einrühren und den Teig 5–10 Min. quellen lassen.

4   Inzwischen den Waffelhörnchenautomat vorheizen. Die Backflächen dünn mit Öl bepinseln. Einen kleinen Schöpfer Teig auf die untere Backfläche geben und etwas verteilen. Das Waffeleisen schließen und die Waffel goldbraun backen. Die Waffel sofort um den Hörnchenroller schlagen und die Waffeltüte auskühlen lassen. Die restlichen Waffeln ebenso backen und formen. Vom Eis mit einem Eisportionierer Kugeln abstechen und in die Waffeltüten setzen. Sofort servieren.

Tipp Die Waffeln können Sie auch zu Waffelschälchen formen. Dafür die heißen Waffeln in eine passende Kaffeetasse drücken und auskühlen lassen. Bereiten Sie die Waffeln für Kinder zu, lassen Sie den Rum natürlich weg.

Karamelleis
mit Sahnetoffee

Sahniger Verführer

Für etwa 500 g Eis
80 g Zucker
400 g Sahne
100 ml Milch (3,8 % Fett)
4 Eigelbe (Größe M)
5 weiche Sahnetoffees
  (60 g Sahnekaramellen)

Zubereitung: 30 Min.
Frieren: 30–60 Min.

Pro Portion: ca. 525 kcal, 7 g EW
40 g F, 35 g KH

1 Den Zucker in einen Topf (20 cm Ø) streuen und bei schwacher Hitze in etwa 5 Min. hellbraun karamellisieren lassen (s. S. 13). Ein Drittel der Sahne zugießen und einkochen lassen. Die restliche Sahne und die Milch zugeben und 5–10 Min. köcheln, bis sich der Karamell vollständig gelöst hat. Dabei gelegentlich mit einem Kochlöffel umrühren.

2 In einem zweiten Topf ein heißes Wasserbad vorbereiten (s. S. 13). Die Eigelbe in einem Schlagkessel mit dem Schneebesen glatt verrühren. Die heiße Karamellsahne zügig unter Rühren in die Eigelbmasse gießen. Die Schüssel auf das heiße Wasserbad setzen und mit einem Gummispatel zur Rose abziehen (s. S. 13).

3 Die Karamellmasse in eine kalte Schüssel gießen. Die Schüssel auf ein kaltes Wasserbad setzen und die Masse kalt rühren. Die kalte Karamellmasse in die Eismaschine füllen und cremig fest frieren lassen.

4 Inzwischen die Sahnetoffees klein hacken. Die Würfelchen zuletzt unter das Karamelleis rühren. Das fertige Eis aus der Maschine schaben und sofort servieren oder in einem Gefrierbehälter tiefkühlen.

Erdbeereis
mit Aceto balsamico

Fruchtiger Klassiker mit neuer Note

Für etwa 850 g Eis
500 g Erdbeeren (frisch
  oder tiefgekühlt)
80 g Zucker
3 Eigelbe (Größe M)
½ Vanilleschote
200 ml Milch (3,8 % Fett)
200 g Sahne
2 EL Granatapfel- oder
  Erdbeersirup (Fertigprodukt)
1 TL Crema di balsamico

Zubereitung: 35 Min.
Frieren: 30–60 Min.

Pro Portion: ca. 375 kcal, 6 g EW
23 g F, 34 g KH

1 Frische Erdbeeren waschen, trocken tupfen und entkelchen. Tiefgekühlte Früchte etwas antauen lassen. Die Beeren mit 40 g Zucker in ein hohes Gefäß geben und mit dem Pürierstab fein mixen.

2 Die Eigelbe mit dem restlichen Zucker in einem Schlagkessel mit dem Schneebesen glatt verrühren. Die Vanilleschote mit einem kleinen scharfen Messer längs aufritzen und das Mark mit dem Messerrücken herausschaben. Schote und Mark mit Milch und Sahne in einem kleinen Topf aufkochen lassen. In einem zweiten Topf ein heißes Wasserbad vorbereiten (s. S. 13).

3 Die heiße Vanillesahne zügig unter Rühren mit dem Schneebesen in die Eigelb-Zucker-Mischung gießen. Die Schüssel auf das heiße Wasserbad setzen und mit einem Gummispatel zur Rose abziehen (s. S. 13).

4 Die Vanillemasse durch ein feines Sieb in eine kalte Schüssel streichen. Die Schüssel auf ein kaltes Wasserbad setzen und die Masse kalt rühren.

5 Die kalte Vanillemasse mit Erdbeerpüree und Sirup verrühren, in die Eismaschine füllen und cremig fest frieren lassen. Zuletzt die Crema di balsamico einrühren. Das fertige Eis aus der Maschine schaben und sofort servieren oder in einem Gefrierbehälter tiefkühlen.

Tipp Füllen Sie das Erdbeereis zum Servieren in einen Spritzbeutel mit großer Sterntülle und spritzen Sie es in gefrostete Becher. Nach Wunsch noch mit einigen Tropfen Balsamico beträufeln. Besonders schnell ist auch ein kalorienarmes Fruchteis fertig: Dafür die leicht angetauten Erdbeeren mit 60 g Puderzucker und einem Spritzer Zitronensaft fein pürieren. In Gläser füllen und mit einem Klecks glatt gerührtem Naturjoghurt servieren.

Zartes
Trüffelpralineneis

Pralinen zum Schlecken

Für etwa 650 g Eis
350 ml Milch (3,8 % Fett)
150 g Sahne
4 Eigelbe (Größe M)
50 g Zucker
140 g Zartbitterpralinen mit
  Nugatfüllung (oder Rumtrüffel)
½ Bio-Orange
1 EL Rum
1 EL Orangenlikör

Zubereitung: 30 Min.
Frieren: 30–60 Min.

Pro Portion: ca. 475 kcal, 8 g EW
32 g F, 35 g KH

1 Milch und Sahne in einem kleinen Topf aufkochen lassen. In einem zweiten Topf ein heißes Wasserbad vorbereiten (s. S. 13). Eigelbe und Zucker in einem Schlagkessel mit dem Schneebesen glatt verrühren.

2 Die Pralinen mit einem Messer klein schneiden und in der heißen Sahnemilch schmelzen lassen. Die Orange heiß abwaschen und trocknen. Die Schale fein abreiben. Orangenschale, Rum und Orangenlikör unterziehen.

3 Die heiße Pralinenmilch zügig unter Rühren mit dem Schneebesen in die Eigelb-Zucker-Mischung gießen. Die Schüssel auf das heiße Wasserbad setzen und mit einem Gummispatel zur Rose abziehen (s. S. 13).

4 Die Pralinenmasse in eine kalte Schüssel gießen. Die Schüssel auf ein kaltes Wasserbad setzen und die Masse kalt rühren.

5 Die kalte Pralinenmasse in die Eismaschine füllen und cremig fest frieren lassen. Das fertige Eis aus der Maschine schaben und sofort servieren oder in einem Gefrierbehälter tiefkühlen. Je nach Geschmack mit Schokoladenspänen dekorieren.

Tipp Servieren Sie das edle Eis in Würfeln auf fertig gekauften Mürbeteig-Torteletts. Dafür vom Eis mit einem eckigen Portionierer Würfel abstechen. Alternativ das fertige Eis in einer eckigen Form tiefkühlen und in Würfel schneiden.

Schokoladeneis
mit kandiertem Ingwer

Wahres Eisvergnügen

Für etwa 700 g Eis
1 Vanilleschote
100 ml Milch (3,8 % Fett)
400 g Sahne
200 g Zartbitterkuvertüre
1 EL Kakaopulver
3 Eigelbe (Größe M)
60 g Zucker
2 kandierte Ingwerstäbchen (10 g)

Zubereitung: 35 Min.
Frieren: 30–60 Min.

Pro Portion: ca. 720 kcal, 10 g EW
55 g F, 46 g KH

1 Die Vanilleschote mit einem scharfen Messer längs aufritzen und das Mark mit dem Messerrücken herausschaben. Schote und Mark mit Milch und Sahne in einem kleinen Topf aufkochen lassen. In einem zweiten Topf ein heißes Wasserbad vorbereiten (s. S. 13).

2 Die Zartbitterkuvertüre grob hacken. Mit dem Kakaopulver in die heiße Sahnemilch rühren und darin schmelzen lassen.

3 Eigelbe und Zucker in einem Schlagkessel mit dem Schneebesen glatt verrühren. Die Schokosahne zügig unter Rühren in die Eigelb-Zucker-Mischung gießen. Die Schüssel auf das heiße Wasserbad setzen und mit einem Gummispatel zur Rose abziehen (s. S. 13).

4 Die Schokomasse durch ein feines Sieb in eine kalte Schüssel streichen. Die Schüssel auf ein kaltes Wasserbad setzen und die Masse kalt rühren. Die kalte Schokomasse in die Eismaschine füllen und cremig fest frieren lassen.

5 Inzwischen die Ingwerstäbchen möglichst fein schneiden. Die Ingwerstückchen zuletzt unter das Schokoladeneis rühren. Das fertige Eis aus der Maschine schaben und sofort servieren oder in einem Gefrierbehälter tiefkühlen.

Tipp Für pures Schokoladenvergnügen den Ingwer weglassen und das Eis in fertig gekauften Schokoladenförmchen servieren.

Sauerrahmeis
mit Limetten

Erfrischung pur

Für etwa 600 g Eis
½ Vanilleschote
100 g Zucker
½ Bio-Limette
300 g saure Sahne (Sauerrahm)
200 g Sahne

Zubereitung: 20 Min.
Frieren: 30–60 Min.

Pro Portion: ca. 345 kcal, 4 g EW
23 g F, 30 g KH

1   Die Vanilleschote mit einem kleinen scharfen Messer längs aufritzen und das Mark mit dem Messerrücken herausschaben.

2   Schote und Mark mit Zucker und 100 ml Wasser in einem kleinen Topf (20 cm Ø) aufkochen. Bei mittlerer Hitze 3–4 Min. einkochen lassen. Den Sirup vom Herd nehmen und vollständig auskühlen lassen. Die Vanilleschote entfernen.

3   Die Limette heiß abwaschen und trocknen. Die Schale dünn abreiben, den Saft auspressen. Schale und Saft mit saurer Sahne, Sahne und dem abgekühlten Zuckersirup glatt verrühren.

4   Die Limettenmasse in die Eismaschine füllen und cremig fest frieren lassen. Das fertige Eis aus der Maschine schaben und sofort servieren oder in einem Gefrierbehälter tiefkühlen.

Tipp   Servieren Sie das Sauerrahmeis mit frischen Erdbeeren, Himbeeren oder Mangospalten. Auch das Blaubeerragout (s. S. 141) schmeckt fein dazu.

Extravagantes Rotwein-Butter-Eis

Krönender Abschluss eines Menüs

Für etwa 500 g Eis
400 ml kräftiger Rotwein
  (z. B. Cabernet Sauvignon)
½ Vanilleschote
80 g Waldblaubeeren
  (oder Heidelbeeren)
80 g Zucker
60 ml roter Portwein
60 ml Johannisbeerlikör
  (z. B. Cassis)
2 Stück Bio-Orangenschale
  (6–8 cm lang)
150 g kalte Butter

Zubereitung: 1 Std.
Frieren: 30–60 Min.

Pro Portion: ca. 485 kcal, 1 g EW
31 g F, 29 g KH

1 Den Rotwein in einem Topf (20 cm Ø) aufkochen und bei mittlerer Hitze in 10–12 Min. auf 200 ml einkochen lassen. Vom Herd nehmen und in etwa 30 Min. vollständig auskühlen lassen.

2 Die Vanilleschote mit einem scharfen Messer längs aufritzen und das Mark mit dem Messerrücken herausschaben. Die Blaubeeren behutsam waschen, verlesen und in einem Sieb gut abtropfen lassen.

3 Die Beeren mit Zucker, Portwein, Johannisbeerlikör, Orangenschale, Vanilleschote und -mark in einem kleinen Topf mischen. Die Mischung in 3–4 Min. langsam aufkochen lassen. Vanilleschote und Orangenschale entfernen. Das Beerenragout mit dem Pürierstab fein mixen und durch ein feines Sieb passieren.

4 Die Butter in kleine Würfel schneiden und mit dem Schneebesen nach und nach in das heiße Fruchtpüree rühren. Zuletzt den abgekühlten Rotwein langsam einrühren.

5 Die Rotweinmasse in die Eismaschine füllen und cremig fest frieren lassen. Das fertige Eis aus der Maschine schaben und sofort servieren oder in einem Gefrierbehälter tiefkühlen.

Tipp Außerhalb der Blaubeersaison können Sie das Eis mit tiefgekühlten Heidelbeeren zubereiten. Diese vor der Verwendung in einem Sieb auftauen lassen.

Rum-Rosinen-Eis
Gruß aus Malaga

Aufregend anders

Für etwa 600 g Eis
40 g Rosinen
4 EL Rum
1 Vanilleschote
100 ml Milch (3,8 % Fett)
400 g Sahne
4 Eigelbe (Größe M)
80 g Zucker

Zubereitung: 20 Min.
Marinieren: 6 Std.
Frieren: 30–60 Min.

Pro Portion: ca. 535 kcal, 7 g EW
39 g F, 31 g KH

1 Die Rosinen mit Rum beträufeln und mindestens 6 Std. oder über Nacht marinieren lassen.

2 Die Vanilleschote mit einem scharfen Messer längs aufritzen und das Mark mit dem Messerrücken herausschaben. Schote und Mark mit Milch und Sahne in einem kleinen Topf aufkochen lassen. In einem zweiten Topf ein heißes Wasserbad vorbereiten (s. S. 13).

3 Eigelbe und Zucker in einem Schlagkessel mit dem Schneebesen glatt verrühren. Die heiße Vanillesahne zügig unter Rühren in die Eigelb-Zucker-Mischung gießen. Die Schüssel auf das heiße Wasserbad setzen und mit einem Gummispatel zur Rose abziehen (s. S. 13).

4 Die Vanillemasse durch ein feines Sieb in eine kalte Schüssel streichen. Die Schüssel auf ein kaltes Wasserbad setzen und die Masse kalt rühren.

5 Die kalte Vanillemasse in die Eismaschine füllen und cremig fest frieren lassen. Zuletzt die Rumrosinen unterrühren. Das fertige Eis aus der Maschine schaben und sofort servieren oder in einem Gefrierbehälter tiefkühlen.

Tipp Schlecken auch Kinder dieses Eis, weichen Sie die Rosinen in Apfelsaft statt in Rum ein.

Zwetschgeneis mit geröstetem Mohn

Fruchtvergnügen

Für etwa 800 g Eis
1 Glas Zwetschgen oder
  Pflaumen (700 g)
30 g Zucker
350 g Sahne
2 Eigelbe (Größe M)
1 EL gemahlener Mohn

Zubereitung: 35 Min.
Frieren: 30–60 Min.

Pro Portion: ca. 400 kcal, 5 g EW
32 g F, 21 g KH

1   Die Zwetschgen in ein Sieb abgießen und abtropfen lassen, dabei den Sud auffangen. 300 ml Sud abmessen.

2   Zwetschgensud und Zucker in einem kleinen Topf (18 cm Ø) aufkochen und bei mittlerer Hitze in 3–4 Min. auf etwa 250 ml einkochen lassen. Die Sahne zugießen und nochmals kurz aufkochen lassen. In einem zweiten Topf ein heißes Wasserbad vorbereiten (s. S. 13).

3   Die Eigelbe in einem Schlagkessel mit dem Schneebesen glatt verrühren. Die heiße Zwetschgensahne zügig unter Rühren in die Eigelbmischung gießen. Die Schüssel auf das heiße Wasserbad setzen und mit einem Gummispatel zur Rose abziehen (s. S. 13).

4   Die Zwetschgenmasse in eine kalte Schüssel gießen. Die Schüssel auf ein kaltes Wasserbad setzen und die Masse kalt rühren.

5   Den Mohn in einer kleinen Pfanne ohne Fett etwa 3 Min. rösten. In einem Schälchen abkühlen lassen. Die Zwetschgen in ein hohes Gefäß füllen und mit dem Pürierstab fein mixen. Das Püree unter die Zwetschgenmasse ziehen.

6   Die Zwetschgenmasse in die Eismaschine füllen und cremig fest frieren lassen. Zuletzt den gerösteten Mohn unterrühren. Das fertige Eis aus der Maschine schaben und sofort servieren oder in einem Gefrierbehälter tiefkühlen.

Haselnuss-Krokant-Eis
mit Zimt

Zum Knuspern

Für etwa 600 g Eis
250 ml Milch (3,8 % Fett)
250 g Sahne
3 Eigelbe (Größe M)
1 Ei (Größe M)
60 g Zucker
3 EL Haselnussmus
(aus dem Bioladen)
1 Msp. gemahlener Zimt
30 g Haselnusskrokant
(Fertigprodukt)

Zubereitung: 20 Min.
Frieren: 30–60 Min.

Pro Portion: ca. 480 kcal, 9 g EW
37 g F, 28 g KH

1 Milch und Sahne in einem kleinen Topf aufkochen lassen. In einem zweiten Topf ein heißes Wasserbad vorbereiten (s. S. 13).

2 Die Eigelbe mit Ei, Zucker und Haselnussmus in einem Schlagkessel mit dem Schneebesen glatt verrühren. Die heiße Sahnemilch zügig unter Rühren in die Ei-Zucker-Mischung gießen. Die Schüssel auf das heiße Wasserbad setzen und mit einem Gummispatel zur Rose abziehen (s. S. 13). Den Zimt unterrühren.

3 Die Nussmasse in eine kalte Schüssel gießen. Die Schüssel auf ein kaltes Wasserbad setzen und die Masse in 8–10 Min. kalt rühren.

4 Die kalte Nussmasse in die Eismaschine füllen und cremig fest frieren lassen. Zuletzt den Haselnusskrokant unterrühren. Das fertige Eis aus der Maschine schaben und sofort servieren oder in einem Gefrierbehälter tiefkühlen.

Tipp Für feines Mandeleis tauschen Sie das Haselnussmus gegen Mandelmus. Auch das bekommen Sie im Bioladen oder Reformhaus.

Kaffeestampf im Glas mit Mokkaeis

Erfrischender Genuss

Für etwa 600 g Eis (6 Personen)
100 ml Milch (3,8 % Fett)
270 g Sahne
130 ml Espresso (oder
   starker Kaffee)
2 EL Kaffeecremelikör
4 Eigelbe (Größe M)
70 g Zucker
30 g Espresso-Dragees (Espressobohnen in Vollmilchschokolade)
Zum Anrichten:
12 Schoko- oder Mandel-
   cookies (à 20 g)
150 g Sahne
Außerdem:
6 hohe Gläser oder Becher
Stößel (z. B. von einem Mörser)

Zubereitung: 45 Min.
Frieren: 30–60 Min.

Pro Portion: ca. 600 kcal, 8 g EW
40 g F, 43 g KH

1   Milch und Sahne in einem kleinen Topf aufkochen lassen. Espresso und Likör unterrühren. In einem zweiten Topf ein heißes Wasserbad vorbereiten (s. S. 13).

2   Eigelbe und Zucker in einem Schlagkessel mit dem Schneebesen glatt verrühren. Die Kaffeesahne zügig unter Rühren in die Eigelb-Zucker-Mischung gießen. Die Schüssel auf das heiße Wasserbad setzen und mit einem Gummispatel zur Rose abziehen (s. S. 13).

3   Die Kaffeemasse in eine kalte Schüssel gießen. Die Schüssel auf ein kaltes Wasserbad setzen und die Masse kalt rühren.

4   Die kalte Kaffeemasse in die Eismaschine füllen und cremig fest frieren lassen. Zuletzt die Espresso-Dragees unterrühren. Das fertige Eis aus der Maschine schaben und sofort anrichten oder in einem Gefrierbehälter tiefkühlen.

5   Zum Anrichten die Schokocookies mit den Fingerspitzen grob zerkrümeln. Die Sahne mit dem Handrührgerät nicht zu steif aufschlagen.

6   Jeweils die Hälfte von Mokkaeis und Keksbröseln in den Gläsern verteilen und mit dem Stößel gut zerstampfen. Restliches Eis, restliche Keksbrösel und je 1 EL Sahne daraufgeben und nochmals durchstampfen. Die restliche Sahne als Häubchen auf die Gläser setzen. Sofort mit langen Löffeln servieren.

Bananen-Soja-Eis
mit Honig

Fruchteis neu kombiniert

Für etwa 650 g Eis
1 Vanilleschote
2 reife Bananen
  (200 g Fruchtfleisch)
Saft von ½ Zitrone
400 ml Sojamilch Natur
50 g Akazienhonig

Zubereitung: 15 Min.
Frieren: 30–60 Min.

Pro Portion: ca. 140 kcal, 4 g EW
2 g F, 27 g KH

1 Die Vanilleschote mit einem kleinen scharfen Messer längs aufritzen und das Mark mit dem Messerrücken herausschaben.

2 Die Bananen schälen und in grobe Stücke brechen. Die Stücke in ein hohes Gefäß geben und sofort mit Zitronensaft beträufeln. Mit dem Pürierstab fein mixen.

3 Sojamilch, Akazienhonig und das Vanillemark zum Bananenpüree geben und nochmals gut durchmixen.

4 Die Bananenmasse in die Eismaschine füllen und cremig fest frieren lassen. Das fertige Eis aus der Maschine schaben und sofort servieren oder in einem Gefrierbehälter tiefkühlen.

Tipp Das Bananen-Soja-Eis ist eine sehr leckere Alternative für alle Allergiker, die keine Milch und Sahne vertragen.

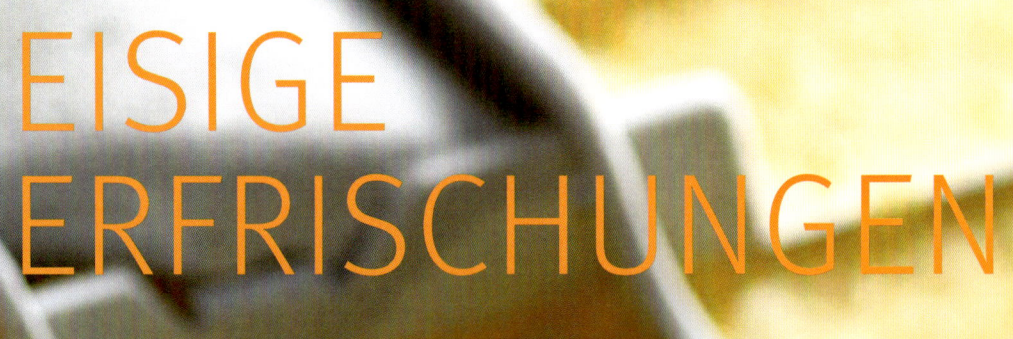

EISIGE
ERFRISCHUNGEN

Ob als Aperitif oder als Erfrischung zwischendurch, als kleiner
Zwischengang oder als krönender Abschluss eines Menüs –
Granités und Sorbets schmecken immer. Die frostigen Köstlichkeiten
sind schnell zubereitet und sorgen dennoch für Begeisterung.

Crushed
Campari Orange

Gefrosteter Klassiker

Für 500 g Granité (4 Personen)
80 g Zucker
100 ml Campari
200 ml halbtrockener Weißwein
3 EL Granatapfelsirup
  (Fertigprodukt)
800 ml frisch gepresster
  gekühlter Orangensaft
4 dünne Orangenscheiben
  für die Deko
Außerdem:
flache Form (etwa 18 x 30 cm)
4 Longdrinkgläser

Zubereitung: 30 Min.
Frieren: 12 Std.

Pro Portion: ca. 260 kcal, 2 g EW
1 g F, 51 g KH

1 Die Form und die Gläser ins Tiefkühlgerät stellen. Den Zucker mit 100 ml Wasser in einem kleinen Topf (18 cm Ø) aufkochen. Bei schwacher Hitze 2–3 Min. köcheln lassen, bis sich der Zucker gelöst hat. Den Sirup vom Herd nehmen und vollständig auskühlen lassen.

2 Den Zuckersirup mit Campari, Weißwein und Granatapfelsirup verrühren. Die Mischung in die gefrostete Form gießen und ins Tiefkühlgerät stellen.

3 Nach etwa 2 Std. mit einer Gabel oder einem Schneebesen durchrühren. Diesen Vorgang noch drei- bis viermal alle 30 Min. wiederholen. Sobald das Granité fester wird, nur noch mit der Gabel auflockern. Das fertige Granité mindestens 8 Std. oder über Nacht im Tiefkühlgerät durchfrieren lassen.

4 Zum Servieren das Camparigranité mit einem Löffel etwas lösen und sofort in die gefrosteten Longdrinkgläser verteilen. Mit Orangensaft aufgießen. Mit je 1 Orangenscheibe dekorieren und mit Strohhalmen und langen Löffeln servieren.

Tipp Das Camparigranité ist perfekt für heiße Sommertage oder für Garten- oder Balkonpartys. Wollen Sie es als Aperitif servieren, verteilen Sie Granité und Orangensaft auf acht kleine Gläser.

Kir Royal mit
Schwarzem Johannisbeersorbet

Fruchtig und edel

Für 400 ml Sorbet

70 g Zucker
1 grüne Kardamomkapsel
1 Stück Bio-Zitronenschale
  (6–8 cm lang)
150 ml Schwarzer Johannisbeersaft
  (Direktsaft, aus dem Bioladen)
100 ml halbtrockener Weißwein
50 ml Schwarzer Johannisbeerlikör
  (z. B. Cassis)
1 Flasche gekühlter Champagner
  (oder Sekt)

Zubereitung: 30 Min.
Frieren: 30–60 Min.

Pro Portion: ca. 285 kcal, 0 g EW
0 g F, 36 g KH

1   Den Zucker mit 100 ml Wasser, Kardamomkapsel und Zitronenschale in einem kleinen Topf (20 cm Ø) aufkochen. Bei schwacher Hitze
2–3 Min. köcheln lassen, bis sich der Zucker gelöst hat. Den Sirup vom
Herd nehmen und vollständig auskühlen lassen. Kardamomkapsel und
Zitronenschale entfernen.

2   Den Zuckersirup mit Johannisbeersaft, Weißwein und Johannisbeerlikör verrühren. Die Mischung in die Eismaschine füllen und
cremig fest frieren lassen.

3   Das fertige Sorbet aus der Maschine schaben und sofort servieren
oder in einem Gefrierbehälter tiefkühlen.

4   Zum Servieren vom Johannisbeersorbet mit einem Löffel Nocken
abstechen, dabei den Löffel immer wieder in heißes Wasser tauchen.
Die Nocken in gefrostete Gläser geben und servieren. Erst am Tisch
mit Champagner aufgießen.

Tipp   Das Sorbet eignet sich ideal als Aperitif, als kleiner Zwischengang oder als krönender Abschluss nach einem Menü. Besonders hübsch sieht das Sorbet aus, wenn Sie es nach und nach
in einen Spritzbeutel mit großer Sterntülle füllen und in gefrostete
Gläser portionieren.

Aperol Sprizz
mit Zitronengranité

Besonders erfrischend

Für etwa 650 g Granité
(4 Personen)
120 g Zucker
1 Bio-Zitrone
750 ml halbtrockener Weißwein
8 cl Aperol
  (ital. Bitter-Kräuter-Likör)
4 dünne Zitronenscheiben
  für die Dekoration
Außerdem:
flache Form (etwa 18 x 30 cm)

Zubereitung: 30 Min.
Frieren: 12 Std.

Pro Portion: ca. 295 kcal, 0 g EW
0 g F, 43 g KH

1 Die Form ins Tiefkühlgerät stellen. Den Zucker mit 200 ml Wasser in einem Topf (20 cm Ø) aufkochen. Bei schwacher Hitze 2–3 Min. köcheln lassen, bis sich der Zucker gelöst hat. Den Sirup vom Herd nehmen und vollständig auskühlen lassen.

2 Die Zitrone heiß abwaschen und trocknen. Die Schale fein abreiben, den Saft auspressen. Den Zuckersirup mit 350 ml Weißwein, Zitronenschale und -saft verrühren. Den restlichen Weißwein kühl stellen.

3 Die Mischung in die gefrostete Form gießen und ins Tiefkühlgerät stellen. Nach etwa 2 Std. mit einer Gabel oder einem Schneebesen durchrühren. Diesen Vorgang noch drei- bis viermal alle 30 Min. wiederholen. Sobald das Granité fester wird, nur noch mit der Gabel auflockern. Das fertige Granité mindestens 8 Std. oder über Nacht im Tiefkühlgerät durchfrieren lassen.

4 Zum Servieren das Zitronengranité mit einem Löffel etwas lösen und sofort in gefrostete Weißweingläsern verteilen. Mit je 2 cl Aperol und dem restlichen Weißwein aufgießen. Mit je 1 Zitronenscheibe dekorieren und mit einem langen Löffel servieren.

Tipp Das Zitronengranité schmeckt auch ganz pur oder mit ein paar frischen Beeren wunderbar.

Pfirsichgranité Bellini

Cocktail aus dem Eis

Für etwa 550 g Granité
60 g Zucker
300 g reife gelbe oder
  weiße Pfirsiche
200 ml Champagner (oder Sekt)
4 EL Pfirsichlikör
Außerdem:
flache Form (etwa 18 x 30 cm)

Zubereitung: 30 Min.
Frieren: 12 Std.

Pro Portion: ca. 145 kcal, 1 g EW
1 g F, 27 g KH

1 Die Form ins Tiefkühlgerät stellen. Den Zucker mit 150 ml Wasser in einem kleinen Topf (20 cm Ø) aufkochen. Bei schwacher Hitze 2–3 Min. köcheln lassen, bis sich der Zucker vollständig gelöst hat.

2 Inzwischen die Pfirsiche waschen, halbieren und entkernen. Die Hälften in grobe Stücke schneiden. Die Pfirsichstücke in den Zuckersirup legen und in 3–4 Min. weich kochen. Pfirsiche und Sud in ein hohes Gefäß füllen und mit dem Pürierstab fein mixen. Das Püree durch ein feines Sieb streichen und vollständig auskühlen lassen.

3 Das Pfirsichpüree mit dem Champagner verrühren und den Pfirsichlikör unterziehen. Die Mischung in die gefrostete Form gießen und ins Tiefkühlgerät stellen.

4 Nach etwa 2 Std. mit einer Gabel oder einem Schneebesen durchrühren. Diesen Vorgang noch drei- bis viermal alle 30 Min. wiederholen. Sobald das Granité fester wird, nur noch mit der Gabel auflockern. Das fertige Granité mindestens 8 Std. oder über Nacht durchfrieren lassen. Das Pfirsichgranité mit einem Löffel etwas lösen und sofort portionsweise servieren.

Tipp Wer mag, übergießt das Pfirsichgranité beim Servieren am Tisch noch mit etwas eisgekühltem Champagner oder Sekt.

Elegantes
Champagnersorbet

Für Gäste

Für etwa 700 g Sorbet
150 g Zucker
½ Bio-Orange
200 ml Weißwein
200 ml Champagner (oder Sekt)

Zubereitung: 40 Min.
Frieren: 30–60 Min.

Pro Portion: ca. 225 kcal, 0 g EW
0 g F, 41 g KH

1 Den Zucker mit 300 ml Wasser in einem kleinen Topf (18 cm Ø) aufkochen. Bei schwacher Hitze in 6–7 Min. auf knapp unter 300 ml Sirup einkochen lassen. Den Sirup vom Herd nehmen und vollständig auskühlen lassen.

2 Die Orange heiß abwaschen und trocknen. Die Schale fein abreiben. Den Zuckersirup mit Weißwein und Champagner verrühren. Die Orangenschale einrühren.

3 Die Champagnermischung in die Eismaschine füllen und cremig fest frieren lassen. Das fertige Sorbet aus der Eismaschine schaben und sofort servieren oder in einem Gefrierbehälter tiefkühlen.

4 Tiefgekühltes Champagnersorbet etwa 20 Min. vor dem Servieren aus dem Tiefkühlgerät nehmen und etwas antauen lassen. Vom Sorbet mit einem Eisportionierer Kugeln oder Nocken abstechen und in gefrosteten Sektschalen servieren.

Tipp Das Champagnersorbet lässt sich gut vorbereiten. Auf Ihre Gäste macht es besonders viel Eindruck, wenn Sie das Sorbet beim Servieren am Tisch noch mit einem Schuss eisgekühltem Champagner übergießen.

Holunderblütensorbet
mit Rhabarber

Mit zartem Blütenaroma

Für etwa 650 g Sorbet

2 Stangen Rhabarber
  (geputzt etwa 180 g)
½ Vanilleschote
1 gestrichener EL Zucker
100 ml halbtrockener Weißwein
1 Stück Bio-Orangenschale
  (6–8 cm lang)
300 ml Sekt
150 ml Holunderblütensirup
  (Fertigprodukt)

Zubereitung: 40 Min.
Frieren: 30–60 Min.

Pro Portion: ca. 200 kcal, 1 g EW
1 g F, 32 g KH

1 Den Rhabarber waschen, putzen und die Fäden abziehen. Die Stangen in etwa 5 mm große Würfel schneiden. Die Vanilleschote mit einem kleinen scharfen Messer längs aufritzen und das Mark mit dem Messerrücken herausschaben.

2 Den Zucker in einen kleinen Topf (20 cm Ø) streuen und hellbraun karamellisieren lassen (s. S. 13). Mit Weißwein ablöschen. Orangenschale, Vanilleschote und -mark zugeben und bei schwacher Hitze etwa 3 Min. köcheln lassen. Die Rhabarberstücke einrühren und in 3 Min. weich garen. Den Rhabarber im Tiefkühlgerät vollständig auskühlen lassen.

3 Den Rhabarber in ein Sieb abgießen, dabei etwa 50 ml Sud auffangen. Vanilleschote und Orangenschale entfernen. Die Rhabarberstücke wieder ins Tiefkühlgerät stellen.

4 Den Rhabarbersud mit Sekt und Holunderblütensirup verrühren, in die Eismaschine füllen und cremig fest frieren lassen. Zuletzt die Rhabarberstücke gut unterrühren. Das fertige Sorbet aus der Eismaschine schaben und sofort servieren oder in einem Gefrierbehälter tiefkühlen.

Tipp Für reines Holunderblütensorbet lassen Sie den Rhabarber einfach weg. Aromatisieren Sie die Sorbetmasse stattdessen noch mit einem Spritzer Zitronensaft.

Mango-Orangen-Sorbet

Exotisches Vergnügen

Für etwa 550 g Sorbet
1 reife Mango (300 g Fruchtfleisch)
100 ml halbtrockener Weißwein
100 ml frisch gepresster
  Orangensaft
1 Eiweiß (Größe M)
50 g Zucker

Zubereitung: 15 Min.
Frieren: 30–60 Min.

Pro Portion: ca. 125 kcal, 2 g EW
1 g F, 25 g KH

1 Die Mango mit einem Sparschäler schälen. Die Frucht hochkant stellen und das Fruchtfleisch mit einem scharfen Messer vom Kern schneiden. Das Fruchtfleisch grob zerkleinern. Mit Weißwein und Orangensaft in ein hohes Gefäß geben und mit dem Pürierstab fein mixen.

2 Das Eiweiß in einer sauberen Schüssel mit dem Handrührgerät cremig aufschlagen. Dabei langsam den Zucker einrieseln lassen.

3 Die Eiweißmasse unter das Mangopüree ziehen. Die Mischung in die Eismaschine füllen und cremig fest frieren lassen. Das fertige Sorbet aus der Eismaschine schaben und sofort servieren oder in einem Gefrierbehälter tiefkühlen.

4 Zum Servieren vom Mangosorbet mit einem Eisportionierer Kugeln abstechen und anrichten.

Tipp Verwenden Sie für das Sorbet nur eine vollreife, aromatische und faserfreie Mango. Für besonders viel Geschmack servieren Sie zum Sorbet noch einige frisch geschnittene Mangowürfel.

Sorbet von Reneklode und Vanille

Wahrhaft königlich

Für etwa 550 g Sorbet

400 g reife Renekloden
1 Vanilleschote
100 g Zucker
2 Stück Bio-Zitronenschale
  (6–8 cm lang)
100 ml Champagner (oder Sekt)

Zubereitung: 45 Min.
Frieren: 30–60 Min.

Pro Portion: ca. 170 kcal, 1 g EW
0 g F, 37 g KH

1 Die Renekloden waschen, halbieren und entkernen. Die Hälften nochmals halbieren. Die Vanilleschote mit einem scharfen Messer längs aufritzen und das Mark mit dem Messerrücken herausschaben.

2 Den Zucker mit 200 ml Wasser in einem kleinen Topf (20 cm Ø) aufkochen. Vanilleschote und -mark, Zitronenschalen und die Reneklodenviertel hineinlegen. Wieder aufkochen lassen und die Früchte bei schwacher Hitze in etwa 3 Min. weich kochen. Vom Herd nehmen und auskühlen lassen. Vanilleschote und Zitronenschalen entfernen.

3 Die Renekloden mit dem Sud in ein hohes Gefäß füllen und mit dem Pürierstab fein mixen. Das Püree durch ein feines Sieb streichen und gut mit dem Champagner verrühren.

4 Die Fruchtmischung in die Eismaschine füllen und cremig fest frieren lassen. Das fertige Sorbet aus der Eismaschine schaben und sofort servieren oder in einem Gefrierbehälter tiefkühlen.

Tipp Die sehr süßen und schmackhaften Edelpflaumen, auch als Renekloden oder Ringlotten bekannt, haben im August Hochsaison. Die Früchte sind kugelig und von grüngelber Färbung, im optimalen Zustand der Reife weisen sie einen zarten rötlichen Schimmer auf. Da reife Früchte sehr empfindlich und wenig lagerfähig sind, sollten sie schnell verarbeitet werden.

Himbeersorbet
mit Champagner

Lässt sich gut vorbereiten

Für etwa 600 g Sorbet
½ Vanilleschote
100 g Zucker
500 g Himbeeren (frisch oder
 tiefgekühlt)
1 Spritzer Zitronensaft
100 ml Champagner (oder Sekt)

Zubereitung: 35 Min.
Frieren: 30–60 Min.

Pro Portion: ca. 160 kcal, 2 g EW
1 g F, 32 g KH

1 Die Vanilleschote mit einem kleinen scharfen Messer längs aufritzen und das Mark mit dem Messerrücken herausschaben.

2 Den Zucker mit 200 ml Wasser in einem kleinen Topf (20 cm Ø) aufkochen. Vanilleschote und -mark zugeben und bei schwacher Hitze 2–3 Min. köcheln lassen, bis sich der Zucker gelöst hat. Den Sirup vom Herd nehmen und vollständig auskühlen lassen.

3 Frische Himbeeren verlesen, tiefgekühlte Beeren auftauen lassen. Die Früchte in ein hohes Gefäß geben und mit dem Pürierstab fein mixen. Das Fruchtpüree durch ein feines Sieb streichen. Mit Zitronensaft und Champagner und dem Zuckersirup gut verrühren.

4 Die Himbeermischung in die Eismaschine füllen und cremig fest frieren lassen. Das fertige Sorbet aus der Eismaschine schaben und sofort servieren oder in einem Gefrierbehälter tiefkühlen.

Tipp Garnieren Sie das Sorbet während der Beerensaison vor dem Servieren noch mit ein paar frischen Himbeeren. Auch dieses Sorbet können Sie mit einem Spritzbeutel mit großer Sterntülle zum Servieren in Gläser spritzen.

Papaya-Joghurt-Shake
mit Limette

Erfrischung pur

Für etwa 500 g Eis (4 Personen)
60 g Zucker
250 g Sahne
250 g griechischer Joghurt
  (10 % Fett)
1 große reife Papaya
  (500 g Fruchtfleisch)
1 Limette

Zubereitung: 35 Min.
Frieren: 5 Std.

Pro Portion: ca. 345 kcal, 2 g EW
26 g F, 24 g KH

1 Den Zucker mit 60 ml Wasser in einem kleinen Topf (18 cm Ø) aufkochen. Bei schwacher Hitze 2–3 Min. köcheln lassen, bis sich der Zucker gelöst hat. Den Sirup vom Herd nehmen und vollständig auskühlen lassen.

2 Den Zuckersirup mit Sahne und Joghurt verrühren. In die Eismaschine füllen und cremig fest frieren lassen. Das fertige Eis aus der Eismaschine schaben und in einem Gefrierbehälter mindestens 4 Std. oder über Nacht tiefkühlen.

3 Kurz vor dem Servieren die Papaya halbieren und die Kerne mit einem Löffel herausschaben. Die Hälften mit einem Sparschäler schälen und in grobe Stücke schneiden. In ein hohes Gefäß geben.

4 Die Limette mit Druck mehrmals über die Arbeitsfläche rollen. Die Frucht halbieren und kräftig auspressen. Den Saft zur Papaya gießen.

5 Das Joghurteis aus dem Tiefkühlgerät nehmen und kurz antauen lassen. Auf ein sauberes Arbeitsbrett stürzen und in grobe Würfel schneiden. Die Würfel zur Papaya geben und alles mit dem Pürierstab fein mixen. Dabei je nach Größe des Mixbechers eventuell in zwei Portionen pürieren. Den Shake in vier Gläser füllen und servieren.

Tipp Für den vollen Geschmack muss die Papaya wirklich schön reif sein. Der Limettensaft unterstreicht das Aroma der Tropenfrucht noch. Wer mag, dekoriert den fertigen Shake noch mit frischen Papayastücken oder Limettenscheiben.

Blitzschneller
Heidelbeer-Buttermilch-Shake

Fix gemixt

Für 4 Personen

300 g tiefgekühlte Heidelbeeren
60 g Puderzucker
1 Spritzer Zitronensaft
500 ml Buttermilch
100 g Sahne
1 TL Vanillezucker
einige Heidelbeeren für die Deko

Zubereitung: 10 Min.

Pro Portion: ca. 215 kcal, 6 g EW
9 g F, 27 g KH

1 Die Heidelbeeren mit Puderzucker, Zitronensaft und Buttermilch in ein hohes Gefäß geben. Alles mit dem Pürierstab langsam und vorsichtig von oben nach unten cremig mixen.

2 Die Sahne mit dem Vanillezucker mit dem Schneebesen oder dem Handrührgerät nicht zu steif aufschlagen.

3 Den Heidelbeer-Buttermilch-Shake in vier Gläser füllen, je einen Klecks Sahne daraufsetzen und mit Heidelbeeren belegen. Mit einem langen Löffel oder einem dicken Strohhalm servieren.

Tipp Der Shake schmeckt auch mit tiefgekühlten Erdbeeren. Nur mit Himbeeren oder Johannisbeeren bereiten Sie ihn besser nicht zu, denn deren Kernchen stören den eisigen Genuss. Besonders hübsch sieht der Shake in gefrosteten Gläsern aus. Dafür vier Gläser etwa 2 Std. vor dem Servieren ins Tiefkühlfach stellen.

Geeiste Schokobanane

Klassiker in neuem Gewand

Für etwa 500 g Eis (4 Personen)
3 reife Bananen
 (250 g Fruchtfleisch)
Saft von ½ Zitrone
50 g Crème fraîche
50 ml Milch (3,8 % Fett)
200 g Sahne
20 g Puderzucker

Für Schokolade und Deko:
80 g Zartbitterkuvertüre
400 ml Milch (3,8 % Fett)
100 g Sahne
Schokoladenraspel (nach Wunsch)

Zubereitung: 30 Min.
Frieren: 5 Std.

Pro Portion: ca. 545 kcal, 8 g EW
41 g F, 36 g KH

1 Die Bananen schälen, in grobe Stücke teilen und in ein hohes Gefäß füllen. Sofort mit Zitronensaft beträufeln. Crème fraîche, Milch, Sahne und Puderzucker zugeben. Alles mit dem Pürierstab fein mixen.

2 Die Bananenmasse in die Eismaschine füllen und cremig fest frieren lassen. Das fertige Eis aus der Eismaschine schaben und in einem Gefrierbehälter mindestens 4 Std. oder über Nacht tiefkühlen.

3 Für die Schokolade die Zartbitterkuvertüre grob hacken. Die Milch aufkochen und die Kuvertüre unter Rühren darin schmelzen lassen. Die Schokomilch in ein hohes Gefäß gießen und abkühlen lassen. Dann abgedeckt kühl stellen.

4 Das Bananeneis aus dem Tiefkühlgerät nehmen und etwas antauen lassen. Auf ein sauberes Arbeitsbrett stürzen und in grobe Würfel schneiden. Die Würfel zur Schokomilch geben und alles mit dem Pürierstab fein mixen.

5 Für die Deko die Sahne mit dem Handrührgerät nicht zu steif aufschlagen. Die Schokobanane in vier Gläser füllen und je einen Klecks Schlagsahne daraufsetzen. Nach Wunsch mit Schokoladenraspeln bestreuen und servieren.

FROSTIGE DESSERTS

Für viele gehört ein Eis nach dem Essen ganz selbstverständlich dazu. Aber immer nur klassisch? Verwöhnen Sie den Gaumen Ihrer Familie oder Gäste ruhig mal mit neuen Ideen aus dem Eisparadies, und servieren Sie Fruchtiges oder Sahniges aufregend neu. Wetten, dass die Teller schnell leer sind?

Apfel-Lasagne mit Walnusseis

Etwas aufwendiger

Für 4 Personen
8 Kugeln Vanilleeis (à 30 g)
1 Blatt Strudelteig (etwa
   37 x 40 cm, aus dem Kühlregal)
1 Eiweiß (Größe M)
1 gehäufter EL Puderzucker +
   Puderzucker zum Servieren

Für die Walnüsse:
50 g Walnusskerne
2 EL Puderzucker

Für die Äpfel:
2 säuerliche Äpfel
   (à 180 g, z. B. Braeburn)
2 TL Butter
2 TL Puderzucker
2 kleine Stücke Zimtstange

Außerdem:
Backpapier

Zubereitung: 45 Min.
Backen: 8 Min.

Pro Portion: ca. 330 kcal, 5 g EW
16 g F, 40 g KH

1 Einen Teller mit Frischhaltefolie belegen. Die Eiskugeln daraufsetzen und bis zur Verwendung tiefkühlen.

2 Den Backofen auf 200° (Umluft, Ober- und Unterhitze 220°) vorheizen. Den Teig auf der Arbeitsfläche ausbreiten und in 24 gleich große Dreiecke schneiden. Eiweiß mit dem Schneebesen leicht aufschlagen. Puderzucker in ein feines Sieb geben.

3 Ein Backblech mit Backpapier belegen. 6 Teigdreiecke auflegen und dünn mit Eiweiß bepinseln. Je 1 Dreieck versetzt darauflegen und etwas andrücken. Mit Puderzucker bestäuben und im Ofen (Mitte) in 3–4 Min. goldbraun backen. Herausnehmen und 5 Min. abkühlen lassen. Die krossen Teigblätter vom Blech heben. Die restlichen Dreiecke ebenso backen.

4 Die Walnüsse grob hacken. Den Puderzucker in einer Pfanne hell karamellisieren lassen (s. S. 13). Die Nüsse darin unter Rühren in etwa 2 Min. goldbraun karamellisieren. Die Karamellnüsse auf Backpapier geben, mit dem Kochlöffel grob verstreichen und abkühlen lassen. Auf einem Schneidebrett nochmals grob hacken.

5 Die Äpfel waschen und nach Wunsch schälen. Das Kerngehäuse ausstechen und jeden Apfel in 6 Scheiben schneiden. In zwei Pfannen je 1 TL Butter und 1 TL Puderzucker erhitzen. Je 6 Apfelscheiben und 1 Stück Zimt hineinlegen. Die Äpfel 2 Min. braten, wenden und 1 Min. weiterbraten. Die Pfannen vom Herd nehmen und die Äpfel noch 1 Min. darin ziehen lassen, dabei mehrmals in der Butter wenden.

6 Die Eiskugeln in den Karamellnüssen wälzen und zwischen den Händen kurz nachrollen. Mit den Apfelscheiben und den Strudelblättern auf Tellern zu Türmchen schichten. Mit Puderzucker bestäuben und sofort servieren.

Minziges Eiskonfekt

Noch besser als Kino

Für etwa 70 Stück

300 g Sahne
100 ml Milch (3,8 % Fett)
8 Schokoladen-Minz-Stangen
  (40 g, Fertigprodukt,
  z. B. After Eight)
3 Eigelbe (Größe M)
60 g Zucker
400 g Zartbitterkuvertüre
100 ml Rapsöl

Außerdem:

flache Form (etwa 12 x 20 cm)
Backpapier

Zubereitung: 1 Std.
Frieren: 12 Std.

Pro Portion: ca. 66 kcal, 1 g EW
5 g F, 4 g KH

1 Sahne und Milch in einem kleinen Topf aufkochen lassen. 3 Minz-stangen zerkleinern und unter Rühren darin schmelzen lassen. In einem zweiten Topf ein heißes Wasserbad vorbereiten (s. S. 13).

2 Eigelbe und Zucker in einem Schlagkessel mit dem Schneebesen glatt verrühren. Die heiße Minzsahne zügig unter Rühren in die Eigelb-Zucker-Mischung gießen. Die Schüssel auf das heiße Wasserbad setzen und mit einem Gummispatel zur Rose abziehen (s. S. 13). Die Minz-masse in eine kalte Schüssel gießen, auf ein kaltes Wasserbad setzen und kalt rühren. Die kalte Minzmasse in die Eismaschine füllen und cremig fest frieren lassen.

3 Die Form mit feuchter Frischhaltefolie auslegen (s. S. 90). Die rest-lichen Minzstangen in feine Scheiben schneiden und zuletzt unter das Eis rühren. Das fertige Eis aus der Maschine schaben und in die Form füllen. Mit der überstehenden Folie abdecken und mindestens 8 Std. oder über Nacht tiefkühlen.

4 Die Form aus dem Tiefkühlgerät nehmen, kurz in heißes Wasser tauchen und stürzen. Die Folie abziehen und das Eis in etwa 2 cm große Stücke schneiden. Die Form mit Folie auslegen und die Stücke wieder einschichten. Dabei jede Schicht mit Folie abdecken. Das Eis nochmals 3 Std. tiefkühlen.

5 Die Kuvertüre grob hacken und über dem heißen Wasserbad schmelzen lassen. Das Öl mit einem Kochlöffel langsam einrühren und die Glasur abkühlen lassen.

6 Ein Backblech mit Backpapier belegen, ein Kuchengitter daraufle-gen und etwa 20 Konfektstücke daraufsetzen. Jedes Stück mit einem kleinen Schöpfer mit abgekühlter Kuvertüre übergießen, bis auch die Seiten überzogen sind. Das Eiskonfekt mit einem Messer vorsichtig vom Gitter lösen, auf ein Tablett mit Backpapier setzen und tiefkühlen. Die restlichen Stücke ebenso überziehen. Abgeflossene Kuvertüre zu-rück in die Schüssel gießen und bei Bedarf nochmals erwärmen.

Gefrostete Orange mit Maracuja

Eis mit besonderer Optik

Für 4 Personen
4 große Bio-Orangen
  (à etwa 270 g)
2 reife Maracujas
150 g Sahne
60 g Zucker
3 EL Orangenlikör (nach Wunsch)
Außerdem:
Spritzbeutel mit großer Sterntülle

Zubereitung: 50 Min.
Frieren: 5 Std.

Pro Portion: ca. 270 kcal, 3 g EW
12 g F, 36 g KH

1 Die Orangen heiß abwaschen und trocknen. An der Oberseite jeweils einen Deckel abschneiden. Vom Boden ebenfalls eine dünne Scheibe abschneiden, sodass die Orangen gerade stehen. Das Fruchtfleisch mit einem spitzen Messer vorsichtig von der weißen Innenhaut lösen und mit einem Löffel über einer Schüssel nach und nach herausschaben – dabei das Fruchtfleisch immer wieder mit dem Messer vom Rand lösen. Orangenschalen und Deckel bis zur Verwendung ins Tiefkühlgerät legen.

2 Das Orangenfruchtfleisch vierteln und mit dem aufgefangenen Saft in ein hohes Gefäß geben. Alles mit dem Pürierstab fein mixen. Das Fruchtpüree durch ein feines Sieb streichen.

3 Die Maracujas halbieren, Kerne und Saft mit einem Löffel herauslösen. Beides unter den Orangensaft rühren.

4 Sahne und Zucker in einem kleinen Topf (20 cm Ø) aufkochen. Bei schwacher Hitze etwa 1 Min. köcheln lassen, bis sich der Zucker vollständig gelöst hat. Die Sahne in eine kalte Schüssel gießen, auf ein kaltes Wasserbad setzen und kalt rühren.

5 Die kalte Sahne mit der Orangen-Maracuja-Mischung und nach Wunsch mit Orangenlikör verrühren. In die Eismaschine füllen und cremig fest frieren lassen.

6 Das fertige Eis aus der Eismaschine schaben. Ein Viertel davon in den Spritzbeutel füllen und gleichmäßig in einer gefrosteten Orange verteilen. Die restlichen Orangen ebenso füllen. Die Deckel auflegen und die Orangen mindestens 4 Std. oder über Nacht tiefkühlen. Etwa 20 Min. vor dem Servieren aus dem Tiefkühlgerät nehmen.

Milchreis-Eis mit Maraschino, Aprikosen und Mango

Schmeckt nicht nur Milchreis-Fans

Für etwa 600 g Eis

½ Vanilleschote
50 g Milchreis (Rundkornreis)
250 ml Milch (3,8 % Fett)
1 Stück Bio-Zitronenschale
   (6–8 cm lang)
1 Stück Bio-Orangenschale
   (6–8 cm lang)
1 gestrichener EL Zucker
1 EL Maraschino (heller Kirschlikör
   oder Kirschwasser)

Für das Eis:

100 ml Milch (3,8 % Fett)
300 g Sahne
3 Eigelbe (Größe M)
40 g Zucker
Mango-Aprikosen-Sauce zum
   Servieren (s. S. 138)
einige frische Minzeblättchen

Zubereitung: 1 Std.
Frieren: 30–60 Min.

Pro Portion: ca. 510 kcal, 8 g EW
33 g F, 45 g KH

1 Die Vanilleschote längs aufritzen und das Mark herausschaben. Schote und Mark mit Reis, Milch, Zitronen- und Orangenschale und Zucker in einem Topf (20 cm Ø) mischen. Aufkochen und offen bei schwacher Hitze etwa 20 Min. köcheln lassen, bis der Reis weich und die Milch vollständig aufgesogen ist. Dabei regelmäßig umrühren.

2 Den Milchreis vom Herd nehmen, Vanilleschote und Zitrusschalen entfernen. Den Maraschino einrühren und den Milchreis vollständig auskühlen lassen.

3 Für das Eis Milch und Sahne in einem kleinen Topf aufkochen lassen. In einem zweiten Topf ein heißes Wasserbad vorbereiten (s. S. 13).

4 Eigelbe und Zucker in einem Schlagkessel mit dem Schneebesen glatt verrühren. Die heiße Sahnemilch zügig unter Rühren in die Eigelb-Zucker-Mischung gießen. Die Schüssel auf das heiße Wasserbad setzen und mit einem Gummispatel zur Rose abziehen (s. S. 13).

5 Die Sahnemasse in eine kalte Schüssel gießen, auf ein kaltes Wasserbad setzen und kalt rühren. Die kalte Sahnemasse mit dem Milchreis verrühren, in die Eismaschine füllen und cremig fest frieren lassen.

6 Das fertige Eis aus der Maschine schaben und sofort mit Mango-Aprikosen-Sauce und Minzeblättchen servieren oder in einem Gefrierbehälter tiefkühlen.

Tipp Servieren Sie das Eis in Würfeln. Dafür vom Eis mit einem eckigen Portionierer Würfel abstechen. Alternativ das fertige Eis in einer eckigen Form tiefkühlen und in Würfel schneiden.

Amarena-Kirsch-Soufflé

Einfach unwiderstehlich

Für 4 Personen

200 g entsteinte Kirschen

40 g Amarenakirschen (aus dem Glas, Feinkostabteilung)

40 ml roter Edelkirschlikör

200 g griechischer Joghurt (10 % Fett)

60 g Puderzucker

1 EL Zitronensaft

250 g Sahne

4 TL Amarenakirschsirup (aus dem Glas)

Außerdem:

4 Bogen Backpapier (je 35 cm lang)

4 Souffléförmchen (à 100 ml Inhalt)

Klebeband

Holzstäbchen

Zubereitung: 40 Min.

Frieren: 6 Std.

Pro Portion: ca. 375 kcal, 2 g EW 25 g F, 32 g KH

1 Die Papierbögen zweimal der Länge nach zu etwa 9 cm breiten stabilen Bändern zusammenfalten. Die Papierbänder außen um die Förmchen legen und mit Klebestreifen befestigen. Die Förmchen bis zur Verwendung beiseitestellen.

2 Kirschen und Amarenakirschen grob zerkleinern und in einer kleinen Schüssel mit dem Kirschlikör mischen. Joghurt, Puderzucker und Zitronensaft mit dem Schneebesen glatt verrühren. Die Kirschen samt Likör unterziehen.

3 Die Sahne mit dem Handrührgerät cremig steif aufschlagen und behutsam unter den Kirschjoghurt heben. Die Masse in die vorbereiteten Förmchen füllen. Je 1 TL Amarenakirschsirup auf der Oberfläche verteilen und mit dem Holzstäbchen spiralförmig unter die Kirschmasse ziehen.

4 Die Förmchen mindestens 6 Std. oder über Nacht tiefkühlen. Die Soufflés etwa 20 Min. vor dem Servieren aus dem Tiefkühlgerät nehmen und antauen lassen. Die Papiermanschetten entfernen und servieren.

Tipp Die Kirschenzeit ist schon vorbei? Macht nichts. Außerhalb der Kirschsaison können Sie auch auf tiefgekühlte Sauerkirschen zurückgreifen. Die in Zuckersirup, Mandellikör und Vanille eingelegten Amarenakirschen sind eine süße Spezialität aus Italien. Besonders hübsch sehen die Soufflés mit einer Amarenakirsche dekoriert aus.

Piña-colada-Eis mit Ananas

Purer Fruchtgenuss

Für 4–6 Personen

40 g Zucker
1 große reife Ananas (etwa 1,5 kg)
200 ml ungesüßte Kokosmilch
 (aus der Dose)
150 g Sahne
50 ml Kokoslikör
1 Spritzer Limettensaft

Zubereitung: 45 Min.
Frieren: 7 Std.

Pro Portion: ca. 230 kcal, 2 g EW
10 g F, 32 g KH

1 Den Zucker mit 40 ml Wasser in einem kleinen Topf (18 cm Ø) aufkochen. Bei schwacher Hitze 2–3 Min. köcheln lassen, bis sich der Zucker gelöst hat. Den Sirup vom Herd nehmen und vollständig auskühlen lassen.

2 Das obere Drittel der Ananas samt Grün abschneiden. Das Fruchtfleisch mit einem spitzen Messer vorsichtig vom Rand lösen und mehrmals einschneiden. Mit einem Löffel über einer Schüssel herausschaben, dabei den Strunk entfernen. Diesen Vorgang bis zum Boden der Ananas wiederholen. Die Ananasschale bis zur Verwendung ins Tiefkühlgerät stellen.

3 Etwa 150 g Ananasfruchtfleisch und 50 ml Saft mit dem Pürierstab fein mixen. Restliches Fruchtfleisch und Saft abgedeckt kühl stellen. Zuckersirup, Kokosmilch, Sahne, Kokoslikör und Limettensaft zum Ananaspüree gießen und nochmals aufmixen.

4 Die Fruchtmischung in die Eismaschine füllen und cremig fest frieren lassen. Das fertige Eis aus der Eismaschine schaben und in die Ananas füllen. Mindestens 6 Std. oder über Nacht tiefkühlen.

5 Die Ananas etwa 30 Min. vor dem Servieren aus dem Tiefkühlgerät nehmen. Das restliche Ananasfruchtfleisch in kleine Stücke schneiden. Mit dem restlichen Ananassaft verrühren und zum Eis servieren.

Tipp Stellen Sie die Ananas im Ganzen auf den Tisch oder auf das Büfett. So kann sich jeder selbst seine Portion herausschaben.

Birnentarte
mit Mandel-Karamell-Kruste

Mal was anderes zum Kaffee

Für 4–6 Personen
500 g reife Birnen
Saft von ½ Zitrone
1 Vanilleschote
100 g Zucker
2 EL Birnenbrand oder Grappa
400 g Sahne
Für die Kruste:
30 g Mandelblättchen
50 g Zucker
Außerdem:
Springform (22 cm Ø)

Zubereitung: 1 Std. 15 Min.
Frieren: 6 Std.

Pro Portion: ca. 475 kcal, 4 g EW
29 g F, 45 g KH

1 Die Birnen schälen, vierteln und entkernen. Die Viertel in kleine Würfel schneiden und mit etwas Zitronensaft beträufeln. Vanilleschote längs aufritzen und das Mark herausschaben. Schote und Mark mit Zucker, 100 ml Wasser und dem restlichen Zitronensaft in einem Topf (24 cm Ø) aufkochen. Die Birnenwürfel zugeben und bei schwacher Hitze in 8–10 Min. weich kochen.

2 Die Vanilleschote entfernen. Die Birnen mit Sud und Birnenbrand mit dem Pürierstab fein mixen. Das Püree auf ein kaltes Wasserbad setzen und kalt rühren (s. S. 13).

3 Die Sahne cremig steif aufschlagen. Das Birnenpüree in eine große Schüssel umfüllen und etwas Sahne unterrühren. Die restliche Sahne mit einem Gummispatel unterheben.

4 Die Form mit zwei Bögen feuchter Frischhaltefolie über Kreuz auslegen (s. S. 90). Die Birnenmasse einfüllen. Die Form mehrmals auf die Arbeitsfläche klopfen, damit sich die Masse gut verteilt. Die Tarte mindestens 6 Std. oder über Nacht tiefkühlen.

5 Für die Kruste die Mandelblättchen in einer kleinen Pfanne ohne Fett bei schwacher Hitze in 3–4 Min. goldbraun rösten. Auf einem Teller auskühlen lassen. Den Zucker mit 50 ml Wasser in einem kleinen Topf (18 cm Ø) verrühren und aufkochen lassen. Bei mittlerer Hitze in 5–10 Min. hellbraun karamellisieren lassen (s. S. 13). Den Karamell etwas auskühlen lassen.

6 Die Tarte aus der Form heben. Die Folie abziehen und den Eiskuchen auf eine Platte setzen. Mit den gerösteten Mandeln bestreuen und den Karamell mit einer Gabel in Fäden darüberträufeln. Die Birnentarte etwa 25 Min. antauen lassen, dann mit einem langen Messer in Stücke schneiden und zum Kaffee servieren.

ZART SCHMELZENDE PARFAITS

Sie besitzen den besonderen Schmelz und zergehen zart auf der Zunge – Parfaits. Und das Beste: Für die Zubereitung dieser sahnigen Eiswunder benötigen Sie nicht mal eine Eismaschine! Die Eismasse wird in Formen oder Förmchen gefüllt und tief-gekühlt. Ideal zum Vorbereiten.

Fürst-Pückler-Terrine

Einfach fürstlich

Für 4–6 Personen
1 Vanilleschote
200 ml Milch (3,8 % Fett)
4 Eigelbe (Größe M)
120 g Zucker
50 g Zartbitterkuvertüre
250 g Erdbeeren
1 Spritzer Zitronensaft
2 EL Erdbeer- oder Granatapfelsirup (Fertigprodukt)
450 g Sahne
Puderzucker zum Bestäuben
Außerdem:
Kastenform (1,5 l Inhalt)

Zubereitung: 1 Std. 30 Min.
Frieren: 12 Std.

Pro Portion: ca. 520 kcal, 7 g EW
36 g F, 42 g KH

1 Die Vanilleschote längs aufritzen und das Mark herausschaben. Schote, Mark und Milch in einem kleinen Topf aufkochen lassen. In einem zweiten Topf ein heißes Wasserbad vorbereiten (s. S. 13).

2 Eigelbe und Zucker in einem Schlagkessel mit dem Schneebesen glatt verrühren. Die heiße Vanillemilch zügig unter Rühren zugießen. Die Schüssel auf das heiße Wasserbad setzen und mit einem Gummispatel zur Rose abziehen (s. S. 13).

3 Die Masse durch ein feines Sieb streichen und in drei Portionen teilen. Die Kuvertüre fein hacken und in einer Portion schmelzen. Die anderen Portionen auf einem kalten Wasserbad kalt rühren.

4 100 g Erdbeeren waschen, trocken tupfen und entkelchen. Mit Zitronensaft und Sirup fein pürieren. Das Püree unter eine Vanillemasse ziehen. Die Sahne cremig fest aufschlagen und dritteln. Je ein Drittel unter jede Eismasse heben.

5 Die Form mit feuchter Frischhaltefolie auslegen (s. S. 90). Die Erdbeermasse einfüllen und 1 Std. tiefkühlen. Die anderen beiden Parfaitmassen inzwischen abgedeckt kühl stellen. Sobald die Oberfläche der Erdbeermasse fest ist, die Vanillemasse daraufgeben und wieder 2 Std. tiefkühlen. Zuletzt die Schokomasse einfüllen und mindestens 9 Std. oder über Nacht tiefkühlen.

6 Die Form etwa 20 Min. vor dem Servieren aus dem Tiefkühlgerät nehmen. Die Terrine stürzen, die Folie abziehen. 150 g Erdbeeren waschen, trocken tupfen, entkelchen und halbieren. Die Hälften auf die Erdbeerschicht legen. Die Terrine mit Puderzucker bestäuben und in Scheiben geschnitten servieren.

Weißer Espresso am Stiel

Ungewöhnlicher Genuss

Für 7–8 Stück
20 g Espressobohnen
200 g Sahne
120 ml Milch (3,8 % Fett)
3 Eigelbe (Größe M)
70 g Zucker
2 EL Kaffeecremelikör

Außerdem:
Gefrierbeutel
7–8 Portions-Eisförmchen mit Stiel

Zubereitung: 30 Min.
Marinieren: 2 Std.
Frieren: 8 Std.

Pro Portion: ca. 155 kcal, 2 g EW
11 g F, 11 g KH

1 Die Espressobohnen in den Gefrierbeutel füllen, verschließen und mit dem Fleischklopfer oder einem Stieltopf grob zerkleinern. Die Sahne in eine Schüssel gießen und die Bohnenstückchen einrühren. Abgedeckt mindestens 2 Std. ziehen lassen.

2 Die Milch in einem kleinen Topf aufkochen lassen. In einem zweiten Topf ein heißes Wasserbad vorbereiten (s. S. 13).

3 Eigelbe und Zucker in einem Schlagkessel mit dem Schneebesen glatt verrühren. Die heiße Milch zügig unter Rühren in die Eigelb-Zucker-Mischung gießen. Die Schüssel auf das heiße Wasserbad setzen und mit einem Gummispatel zur Rose abziehen (s. S. 13).

4 Die Masse in eine kalte Schüssel gießen und den Likör unterziehen. Die Schüssel auf ein kaltes Wasserbad setzen und die Masse kalt rühren.

5 Die Kaffeesahne durch ein feines Sieb gießen. Mit dem Handrührgerät cremig fest aufschlagen und unter die kalte Parfaitmasse heben.

6 Die Eisförmchen kalt ausspülen und abtropfen lassen, nicht trocknen. Die Kaffeemasse in die Förmchen füllen, die Stiele hineinstecken und mindestens 8 Std. oder über Nacht tiefkühlen. Die Förmchen kurz in heißes Wasser tauchen und das Eis herauslösen.

Tipp Für ein gelungenes Parfait muss die Grundmasse wirklich sehr sorgfältig zubereitet werden. Sind die Eigelbe nicht richtig gebunden, setzt sich die Masse ab, und das Parfait ist nicht durchgängig cremig.

Tiramisu-Parfait
mit Löffelbiskuits

Klassiker aus dem Eis

Für 4–6 Personen
150 ml Milch
50 ml Espresso
 (oder starker Kaffee)
4 Eigelbe (Größe M)
120 g Zucker
250 g Mascarpone
 (ital. Frischkäse)
2 EL Mandellikör (z. B. Amaretto)
200 g Sahne
10 Löffelbiskuits (60 g)
Puderzucker und Kakaopulver
 zum Bestäuben
Außerdem:
Kastenform (1 l Inhalt)

Zubereitung: 30 Min.
Frieren: 8 Std.

Pro Portion: ca. 605 kcal, 8 g EW
44 g F, 41 g KH

1 Die Milch mit dem Espresso in einem kleinen Topf aufkochen lassen. In einem zweiten Topf ein heißes Wasserbad vorbereiten (s. S. 13).

2 Eigelbe und Zucker in einem Schlagkessel mit dem Schneebesen glatt verrühren. Die heiße Kaffeemilch zügig unter Rühren in die Eigelb-Zucker-Mischung gießen. Die Schüssel auf das heiße Wasserbad setzen und mit einem Gummispatel zur Rose abziehen (s. S. 13).

3 Die Kaffeemasse in eine kalte Schüssel gießen, auf ein kaltes Wasserbad setzen und kalt rühren. Mascarpone und Mandellikör unterziehen. Die Sahne mit dem Handrührgerät cremig fest aufschlagen. Behutsam unter die Kaffeemasse heben.

4 Die Form mit feuchter Frischhaltefolie auslegen. Die Kaffeemasse einfüllen und mindestens 8 Std. oder über Nacht tiefkühlen.

5 Die Form etwa 20 Min. vor dem Servieren aus dem Tiefkühlgerät nehmen und etwas antauen lassen. Das Parfait auf eine Platte stürzen, die Folie abziehen. Mit den Löffelbiskuits belegen und mit Puderzucker und Kakaopulver bestäuben. Ein langes Messer in heißes Wasser tauchen, das Parfait in Scheiben schneiden und servieren.

Tipp So gleitet Ihr Parfait mühelos aus der Form: Einen Bogen Frischhaltefolie in kaltes Wasser tauchen, gut ausdrücken und in die Form legen. Für gerade Flächen die Form mit kaltem Wasser füllen und die Folie glatt streichen. Das Wasser wieder ausgießen. Dann die Parfaitmasse einfüllen und tiefkühlen.

Torrone-Parfait
mit Schokoladensauce

Unwiderstehlich italienisch

Für 4–6 Personen
1 Vanilleschote
150 ml Milch (3,8 % Fett)
3 Eigelbe (Größe M)
40 g Zucker
100 g Torrone mit Mandeln
  (aus dem Feinkostregal)
350 g Sahne
1 EL Mandellikör (z. B. Amaretto)
1 EL Weinbrand
Schokoladensauce zum Servieren
  (s. S. 137)
Außerdem:
Kasten- oder Terrinenform
  (1 l Inhalt)

Zubereitung: 30 Min.
Frieren: 8 Std.

Pro Portion: ca. 585 kcal, 7 g EW
42 g F, 43 g KH

1 Die Vanilleschote längs aufritzen und das Mark herausschaben. Schote und Mark mit der Milch in einem kleinen Topf aufkochen lassen. In einem zweiten Topf ein heißes Wasserbad vorbereiten (s. S. 13).

2 Eigelbe und Zucker in einem Schlagkessel mit dem Schneebesen glatt verrühren. Die heiße Vanillemilch zügig unter Rühren in die Eigelb-Zucker-Mischung gießen. Die Schüssel auf das heiße Wasserbad setzen und mit einem Gummispatel zur Rose abziehen (s. S. 13). Die Vanillemasse durch ein feines Sieb in eine kalte Schüssel streichen, auf ein kaltes Wasserbad setzen und kalt rühren.

3 Den Torrone in 1 cm große Stücke schneiden. Die Sahne mit dem Handrührgerät cremig fest aufschlagen. Behutsam unter die Vanillemasse heben. Mandellikör, Weinbrand und Torronewürfel einrühren.

4 Die Form mit feuchter Klarsichtfolie auslegen (s. S. 90). Die Parfaitmasse einfüllen und mindestens 8 Std. oder über Nacht tiefkühlen.

5 Die Form etwa 20 Min. vor dem Servieren aus dem Tiefkühlgerät nehmen und etwas antauen lassen. Das Parfait auf eine Platte stürzen, die Folie abziehen. Ein langes Messer in heißes Wasser tauchen und das Parfait in Scheiben schneiden. Mit der Schokoladensauce servieren.

Tipp Torrone ist ein harter weißer Mandelnugat, oft umhüllt von Esspapier. Die süße Spezialität kommt aus Italien und ist bei uns in der Feinkostabteilung des Supermarkts oder in italienischen Lebensmittelläden erhältlich.

Geeiste Brownies mit Pekannüssen

Schokoladiges Vergnügen

Für 10–12 Stück
50 g Pekannusskerne
200 g Zartbitterkuvertüre
200 ml Milch (3,8 % Fett)
1 EL Kakaopulver
4 Eigelbe (Größe M)
120 g Zucker
350 g Sahne
Für die Deko:
50 g Zartbitterkuvertüre
1 TL Pflanzenöl
12 Pekannusshälften (30 g)
Außerdem:
flache rechteckige Form
  (etwa 12 x 22 cm)

Zubereitung: 45 Min.
Frieren: 8 Std.

Pro Portion: ca. 330 kcal, 4 g EW
25 g F, 23 g KH

1 Die Pekannüsse grob hacken und in einer kleinen Pfanne ohne Fett bei mittlerer Hitze in 4 Min. goldbraun rösten. Auf einem Teller auskühlen lassen. Die Kuvertüre klein hacken. Die Milch in einem kleinen Topf aufkochen lassen. Kuvertüre und Kakaopulver unter Rühren darin schmelzen lassen. In einem zweiten Topf ein heißes Wasserbad vorbereiten (s. S. 13).

2 Eigelbe und Zucker in einem Schlagkessel mit dem Schneebesen glatt verrühren. Die heiße Schokomilch zügig unter Rühren in die Eigelb-Zucker-Mischung gießen. Die Schüssel auf das heiße Wasserbad setzen und mit dem Gummispatel zur Rose abziehen (s. S. 13). Die Schokomasse in eine kalte Schüssel gießen, auf ein kaltes Wasserbad setzen und kalt rühren.

3 Die Sahne mit dem Handrührgerät cremig fest aufschlagen. Behutsam unter die Schokomasse heben. Die gehackten Pekannüsse unterziehen. Die Form mit feuchter Frischhaltefolie auslegen (s. S. 90). Die Schokomasse einfüllen und mindestens 8 Std. oder über Nacht tiefkühlen.

4 Für die Deko die Zartbitterkuvertüre hacken und auf dem heißen Wasserbad schmelzen lassen (s. S. 13). Das Öl einrühren.

5 Die Form aus dem Tiefkühlgerät nehmen und ganz kurz in heißes Wasser tauchen. Das Parfait auf ein Brett stürzen, die Folie abziehen. Die Oberfläche mit der Kuvertüre bepinseln und sofort mit den Pekannusshälften belegen. Das Parfait nach Bedarf noch etwas antauen lassen, dann in gleich große Würfel schneiden und servieren.

Tipp Tiefgefrorenes Parfait lässt sich besser aus der Form lösen, wenn Sie diese ganz kurz in heißes Wasser tauchen.

Geeiste Lebkuchenmuffins
mit Spekulatius

Schmeckt nicht nur zur Weihnachtszeit

Für 8 Stück

1 Vanilleschote
120 ml Milch (3,8 % Fett)
½ TL gemahlenes
  Lebkuchengewürz
3 Eigelbe (Größe M)
70 g Zucker
1 Msp. abgeriebene
  Bio-Orangenschale
200 g Sahne
30 g Mandel-Spekulatius
  (oder Butter-Mandel-Gebäck)

Außerdem:

Muffinform
8 Silikonformen (oder
16 Papierförmchen)

Zubereitung: 30 Min.
Frieren: 8 Std.

Pro Portion: ca. 170 kcal, 3 g EW
12 g F, 12 g KH

1 Die Vanilleschote längs aufritzen und das Mark herausschaben. Schote und Mark mit der Milch in einem kleinen Topf aufkochen lassen. Das Lebkuchengewürz einstreuen. In einem zweiten Topf ein heißes Wasserbad vorbereiten (s. S. 13).

2 Eigelb und Zucker in einem Schlagkessel mit dem Schneebesen glatt verrühren. Die heiße Gewürzmilch zügig unter Rühren in die Eigelb-Zucker-Mischung gießen. Die Schüssel auf das heiße Wasserbad setzen und mit einem Gummispatel zur Rose abziehen (s. S. 13).

3 Die Gewürzmasse durch ein Sieb in eine kalte Schüssel streichen. Die Orangenschale einrühren. Die Schüssel auf ein kaltes Wasserbad setzen und die Masse kalt rühren.

4 Die Sahne mit dem Handrührgerät cremig fest aufschlagen und vorsichtig unter die Gewürzmasse heben. Die Spekulatius mit den Fingerspitzen grob zerbröseln und ebenfalls unterziehen.

5 Je 1 Silikonform in die Mulden der Muffinform setzen und die Parfaitmasse gleichmäßig darin verteilen. Die Muffins mindestens 8 Std. oder über Nacht tiefkühlen. Die Muffins etwa 20 Min. vor dem Servieren aus dem Tiefkühlgerät nehmen und etwas antauen lassen.

Tipp Das Lebkuchengewürz entfaltet erst durch das Erhitzen in der Milch sein volles Aroma. Zu den Eismuffins schmeckt eine Vanille- oder Schokoladensauce (s. S. 134 und 137) oder ein Blaubeerragout (s. S. 141).

Marmorgugelhupf mit Rum

Bringt Abwechslung auf die Kaffeetafel

Für 4–6 Personen
50 g Zartbitterkuvertüre
½ Vanilleschote
200 ml Milch (3,8 % Fett)
4 Eigelbe (Größe M)
100 g Zucker
1 EL Rum
1 Msp. abgeriebene Bio-
 Orangenschale
1 Msp. abgeriebene Bio-
 Zitronenschale
400 g Sahne
Puderzucker zum Bestäuben
frisch geschlagene Sahne zum
 Servieren (nach Wunsch)
Außerdem:
Gugelhupfform (1,2 l Inhalt)

Zubereitung: 40 Min.
Frieren: 8 Std.

Pro Portion: ca. 470 kcal, 6 g EW
36 g F, 30 g KH

1 Die Kuvertüre fein hacken. Die Vanilleschote längs aufritzen und das Mark herausschaben. Schote und Mark mit der Milch in einem kleinen Topf aufkochen lassen. In einem zweiten Topf ein heißes Wasserbad vorbereiten (s. S. 13).

2 Eigelbe und Zucker in einem Schlagkessel mit dem Schneebesen glatt verrühren. Die heiße Vanillemilch zügig unter Rühren in die Eigelb-Zucker-Mischung gießen. Die Schüssel auf das heiße Wasserbad setzen und zur Rose abziehen (s. S. 13).

3 Die Vanillemasse durch ein Sieb in eine kalte Schüssel streichen. Rum, Orangen- und Zitronenschale einrühren. Ein Drittel der Masse in eine zweite Schüssel füllen. Die Kuvertüre darin schmelzen lassen und kalt rühren. Die helle Masse auf einem kalten Wasserbad kalt rühren.

4 Die Sahne mit dem Handrührgerät cremig fest aufschlagen. Ein Drittel behutsam unter die Schokomasse, zwei Drittel unter die helle Masse heben.

5 Die Form kalt ausspülen und abtropfen lassen, nicht trocknen. Die beiden Parfaitmassen abwechselnd in die Form füllen, dabei mit der hellen Masse beginnen. Die Form mehrmals auf die Arbeitsfläche klopfen, sodass sich Luftbläschen lösen und die Massen sich gut verbinden. Die Parfaitmasse mit einer langen Gabel spiralförmig verziehen. Die Form mit Frischhaltefolie abdecken und mindestens 8 Std. oder über Nacht tiefkühlen.

6 Die Form etwa 20 Min. vor dem Servieren aus dem Tiefkühlgerät nehmen, kurz in heißes Wasser tauchen und auf eine Platte stürzen. Den Gugelhupf mit Puderzucker bestäuben und in dicke Scheiben schneiden. Nach Wunsch mit frisch geschlagener Sahne servieren.

PFIFFIGES FÜR BESONDERE TAGE

Manchmal muss es eben etwas Besonderes sein, zum Muttertag
zum Beispiel oder zum Geburtstag. Pur als Torte und Törtchen oder
in Kombination mit feinem Gebäck zeigt Eis sich von seiner besten
Seite. Bei den Rezeptideen auf den folgenden Seiten ist bestimmt
etwas für Sie dabei.

Eisbombe Cassata

Sizilianische Spezialität

Für 4–6 Personen

1 Vanilleschote
200 ml Milch (3,8 % Fett)
4 Eigelbe (Größe M)
50 g Zucker
40 g rote kandierte Kirschen
  (Belegkirschen)
20 g Zitronat
20 g Orangeat
20 g Mandelstifte
30 g Zartbitterkuvertüre
400 g Sahne
1 Msp. abgeriebene Bio-
  Orangenschale
2 EL Orangenlikör
Außerdem:
Schüssel (1,2 l Inhalt, 18 cm Ø)

Zubereitung: 45 Min.
Frieren: 6 Std.

Pro Portion: ca. 485 kcal, 7 g EW
36 g F, 31 g KH

1 Die Vanilleschote mit einem Messer längs aufritzen und das Mark mit dem Messerrücken herausschaben. Schote und Mark mit der Milch in einem kleinen Topf aufkochen lassen. In einem zweiten Topf ein heißes Wasserbad vorbereiten (s. S. 13).

2 Eigelbe und Zucker in einem Schlagkessel mit dem Schneebesen glatt verrühren. Die heiße Vanillemilch zügig unter Rühren zugießen. Die Schüssel auf das heiße Wasserbad setzen und mit einem Gummispatel zur Rose abziehen (s. S. 13). Die Vanillemasse durch ein feines Sieb in eine kalte Schüssel streichen. Die Schüssel auf ein kaltes Wasserbad setzen und die Masse in 8–10 Min. kalt rühren.

3 Kirschen, Zitronat und Orangeat fein würfeln. Die Mandelstifte in einer Pfanne ohne Fett bei mittlerer Hitze in 3 Min. goldbraun rösten. Auf einem Teller abkühlen lassen. Die Zartbitterkuvertüre fein hacken.

4 Die Sahne mit dem Handrührgerät cremig fest aufschlagen und unter die Vanillemasse heben. Kirschen, Zitronat, Orangeat, Mandeln, Kuvertüre, Orangenschale und Orangenlikör unterziehen.

5 Die Schüssel mit feuchter Frischhaltefolie auslegen (s. S. 90). Die Parfaitmasse einfüllen und glatt streichen. Die Schüssel mehrmals auf die Arbeitsfläche klopfen, mit der überstehenden Folie abdecken und mindestens 6 Std. oder über Nacht tiefkühlen.

6 Die Cassata aus dem Tiefkühlgerät nehmen, kurz in heißes Wasser tauchen und stürzen. Die Folie abziehen und die Cassata noch 20 Min. antauen lassen. In Stücke schneiden und servieren.

Torteletts Surprise
mit Roten Johannisbeeren

Eis im festlichen Gewand

Für 6 Stück

6 Kugeln Eis (Vanille, Haselnuss
   oder Himbeersorbet, à 20 g)
½ Päckchen Vanillepuddingpulver
   zum Kochen (18 g)
2 gestrichene EL Zucker
150 ml Milch (3,8 % Fett)
100 g Sahne
6 Wiener Torteletts (100 g, Fertigprodukt aus dem Backregal)
150 g Rote Johannisbeeren
2 Eiweiße (Größe M)
1 Prise Salz
80 g Zucker
Puderzucker zum Bestäuben
Außerdem:
Spritzbeutel mit großer Sterntülle

Zubereitung: 50 Min.

Pro Portion: ca. 345 kcal, 5 g EW,
15 g F, 46 g KH

1 Einen Teller mit Frischhaltefolie belegen. Die Eiskugeln daraufsetzen und bis zur Verwendung tiefkühlen.

2 Das Puddingpulver mit Zucker und etwas Milch glatt verrühren.
Die restliche Milch mit der Sahne in einem kleinen Topf (20 cm Ø)
aufkochen. Das angerührte Puddingpulver mit einem Schneebesen in
die heiße Sahnemilch rühren und bei mittlerer Hitze etwa 1 Min. unter
Rühren köcheln lassen. Den Pudding vom Herd nehmen und auskühlen lassen, dabei gelegentlich umrühren.

3 Den Backofen auf Grillfunktion schalten. Die Torteletts auf ein
Backblech legen. Die Johannisbeeren waschen, trocken tupfen und
mit einer Gabel von den Rispen streifen. Den abgekühlten Vanillepud-
ding gleichmäßig auf die Torteletts streichen und die Johannisbeeren
portionsweise darauf verteilen.

4 Die Eiweiße mit Salz in einer Schüssel mit dem Handrührgerät
zu steifem, glänzendem Schnee schlagen. Dabei den Zucker nach und
nach einrieseln lassen. Die Eiweißmasse in den Spritzbeutel füllen.

5 Jeweils 1 Eiskugel in die Mitte eines Torteletts setzen und vollständig mit der Eiweißmasse umhüllen; dabei zügig arbeiten. Die Torteletts
im Ofen (Mitte) in 1–2 Min. goldbraun übergrillen. Herausnehmen,
mit Puderzucker bestäuben und sofort servieren.

Tipp Die Johannisbeeren können Sie auch gegen Himbeeren
oder Heidelbeeren tauschen.

Eistorte
Happy Birthday

Lässt sich gut vorbereiten

Für 4–6 Personen
200 g Mirabellen
200 g Aprikosen
½ Vanilleschote
150 ml frisch gepresster
   Orangensaft
150 ml Milch (3,8 % Fett)
3 Eigelbe (Größe M)
100 g Zucker
400 g Sahne
100 g farbige Schokolinsen
kleine Kerzen für die Deko
   (nach Wunsch)
Puderzucker zum Bestäuben
Außerdem:
Springform (20 cm Ø)

Zubereitung: 1 Std. 15 Min.
Frieren: 6 Std.

Pro Portion: ca. 395 kcal, 6 g EW
31 g F, 23 g KH

1 Mirabellen und Aprikosen waschen, halbieren, entkernen und grob zerkleinern. Vanilleschote längs aufritzen und das Mark herausschaben. Orangensaft in einem Topf (20 cm Ø) erhitzen. Früchte, Vanilleschote und -mark darin bei schwacher Hitze 10 Min. köcheln lassen. Vanilleschote entfernen. Die Früchte samt Sud mit einem Mixstab fein pürieren. Das Püree durch ein feines Sieb streichen und auskühlen lassen.

2 Die Milch in einem kleinen Topf aufkochen lassen. In einem zweiten Topf ein heißes Wasserbad vorbereiten (s. S. 13).

3 Eigelbe und Zucker in einem Schlagkessel mit dem Schneebesen glatt verrühren. Die heiße Milch zügig unter Rühren zugießen. Die Schüssel auf das heiße Wasserbad setzen und mit einem Gummispatel zur Rose abziehen (s. S. 13).

4 Die Masse in eine kalte Schüssel gießen und auf einem kalten Wasserbad in 8–10 Min. kalt rühren. Das Fruchtpüree unterziehen. Die Sahne mit dem Handrührgerät cremig fest aufschlagen und unter die Parfaitmasse heben.

5 Die Form doppelt mit feuchter Frischhaltefolie auslegen (s. S. 90). Die Hälfte der Parfaitmasse einfüllen und ein Drittel der Schokolinsen aufstreuen. Mit der restlichen Parfaitmasse bedecken und wieder mit einem Drittel der Schokolinsen bestreuen. Die Form mehrmals auf die Arbeitsfläche klopfen, mit der überstehen Folie abdecken und mindestens 6 Std. oder über Nacht tiefkühlen.

6 Die Form aus dem Tiefkühlgerät nehmen und kurz in heißes Wasser tauchen. Die Torte aus der Form lösen und die Folie abziehen. Die Eistorte auf eine Platte setzen und mit den restlichen Schokolinsen und nach Wunsch mit Kerzen verzieren. Die Torte 20 Min. antauen lassen. Vor dem Servieren den Rand mit Puderzucker bestäuben.

Gefüllte Windbeutel mit Blaubeeren

Klein und fein

Für 12 Stück
12 Kugeln Vanilleeis (à 30 g)
120 ml Milch
30 g Butter
1 Prise Salz
70 g Mehl
2 Eier (Größe M)
Blaubeerragout zum Servieren
   (s. S. 141)
Puderzucker zum Bestäuben
frisch geschlagene Sahne
   (nach Wunsch)
Außerdem:
Backpapier
Spritzbeutel mit großer Sterntülle

Zubereitung: 30 Min.
Backen: 15 Min.

Pro Portion: ca. 185 kcal, 4 g EW
8 g F, 23 g KH

1 Einen Teller mit Frischhaltefolie belegen. Die Eiskugeln daraufsetzen und bis zur Verwendung tiefkühlen.

2 Den Backofen auf 180° (Umluft, Ober- und Unterhitze 200°) vorheizen. Ein Backblech mit Backpapier belegen.

3 Die Milch mit Butter und Salz in einem Topf (24 cm Ø) aufkochen lassen. Das Mehl mit dem Kochlöffel vorsichtig einrühren. Weiterrühren, bis sich der Teig vom Topfrand löst, einen Kloß bildet und am Topfboden eine weiße Schicht entsteht.

4 Den Teig in eine Rührschüssel umfüllen und etwas abkühlen lassen. Die Eier einzeln mit einem Handrührgerät unterrühren, bis der Teig geschmeidig ist und seidig glänzt.

5 Den Teig in den Spritzbeutel füllen und zwölf gleich große Rosetten auf das Backblech spritzen. Im Backofen (Mitte) in etwa 15 Min. goldbraun backen. Die Windbeutel aus dem Ofen nehmen und abkühlen lassen.

6 Zum Servieren die Windbeutel quer durchschneiden und die Böden portionsweise auf Teller legen. Jeweils etwas Ragout daraufgeben und je 1 Kugel Vanilleeis daraufsetzen. Die Deckel auflegen und die Windbeutel mit Puderzucker bestäuben. Die Windbeutel nach Wunsch noch mit frisch geschlagener Sahne servieren.

Tipp Stellen Sie eine kleine ofenfeste Schüssel mit Wasser in den Backofen. Durch den so entstehenden Wasserdampf gehen die Windbeutel besonders schön auf.

Gebackenes Vanilleeis mit Röstmandeln

Ungewöhnliche Kombination

Für 4 Personen
4 große Kugeln Vanilleeis (à 50 g)
2 Scheiben heller
    Wiener Tortenboden
    (à 200 g, Fertigprodukt
    aus dem Backregal)
8 EL Rum
2 Eier (Größe M)
100 g Mandelblättchen
1 kg Frittierfett
Puderzucker zum Bestäuben
Schokoladensauce zum
    Servieren (s. S. 137)

Zubereitung: 30 Min.
Frieren: 3 Std.

Pro Portion: ca. 835 kcal, 17 g EW
42 g F, 82 g KH

1 Einen Teller mit Frischhaltefolie belegen. Die Eiskugeln daraufsetzen und bis zur Verwendung tiefkühlen. Die Tortenbodenscheiben halbieren. Die Böden der vier Halbkreise mit je 2 EL Rum tränken.

2 Die Eier in einer Schüssel mit dem Schneebesen glatt verquirlen. Die Mandelblättchen in einen tiefen Teller streuen.

3 Auf jeden getränkten Tortenboden 1 Kugel Vanilleeis setzen. Die Eiskugel darin einwickeln und mit dem Biskuit kräftig zu einer Kugel zusammendrücken. Die Kugeln zuerst in Ei, dann in den Mandelblättchen wälzen und nochmals festdrücken. Die Kugeln auf den mit Frischhaltefolie belegten Teller legen und 3 Std. tiefkühlen.

4 Kurz vor dem Servieren das Frittierfett in einem hohen Topf auf 150–160° erhitzen. Zur Probe einen Holzkochlöffel ins heiße Fett tauchen: Steigen daran Bläschen auf, ist das Fett heiß genug. 2 Kugeln vom Teller lösen. Die Eiskugeln ins heiße Fett geben und in 3–4 Min. goldbraun backen. Dabei mehrmals wenden. Mit einer Schaumkelle herausheben und auf Küchenpapier abtropfen lassen. Inzwischen die restlichen Eiskugeln ausbacken.

5 Das gebackene Vanilleeis auf Tellern anrichten und mit Puderzucker bestäuben. Sofort mit Schokoladensauce servieren.

Tipp Achten Sie darauf, dass die Eiskugeln wirklich vollständig mit Biskuitboden umhüllt sind. Beim Frittieren darf kein Eis ins Fett gelangen. Zu den frittierten Eiskugeln passt das Pfirsich-Orangen-Sabayon (s. S. 134) sehr gut.

Geeiste
Schwarzwälder Kirschtörtchen

Klassiker aus dem Eis

Für 4 Stück

30 g Zartbitterkuvertüre

50 g Kirschen

1 TL Kirschlikör

100 ml Milch (3,8 % Fett)

2 Eigelbe (Größe M)

50 g Zucker

200 g Sahne

Für die Dekoration:

80 g Kirschen

2 gestrichene EL Zucker

100 ml Kirschsaft

1 TL Speisestärke

1 TL Kirschwasser (oder
   Kirschlikör)

100 g Sahne

Schokospäne zum Bestreuen

Außerdem:

4 Portionsförmchen
   (à 180 ml Inhalt)

Spritzbeutel mit großer Sterntülle

Zubereitung: 50 Min.
Frieren: 8 Std. 30 Min.

Pro Portion: ca. 475 kcal, 5 g EW
32 g F, 39 g KH

1 Kuvertüre fein hacken. Kirschen waschen, entkernen und mit dem Kirschlikör fein pürieren. Milch in einem kleinen Topf aufkochen lassen. In einem zweiten Topf ein heißes Wasserbad vorbereiten (s. S. 13).

2 Eigelbe und Zucker in einem Schlagkessel mit dem Schneebesen glatt verrühren. Die heiße Milch zügig unter Rühren zugießen. Die Schüssel auf das heiße Wasserbad setzen und mit einem Gummispatel zur Rose abziehen (s. S. 13).

3 Die Eigelbmasse halbieren. In einer Hälfte die Kuvertüre schmelzen und abkühlen lassen. Die zweite Hälfte auf einem kalten Wasserbad kalt rühren. Zum Kirschpüree geben und nochmals durchmixen. Die Sahne cremig fest aufschlagen. Je zur Hälfte unter die Schoko- und die Kirschmasse heben.

4 Die Förmchen mit feuchter Frischhaltefolie auslegen (s. S. 90). Die Schokomasse darin verteilen und etwa 30 Min. tiefkühlen. Die Kirschmasse auf die Schokomasse geben und die Törtchen mindestens 8 Std. oder über Nacht tiefkühlen.

5 Für die Dekoration die Kirschen waschen, halbieren und entkernen. Den Zucker in einem kleinen Topf (18 cm Ø) hellbraun karamellisieren lassen (s. S. 13). Mit Kirschsaft ablöschen und etwa 2 Min. köcheln lassen, bis sich der Karamell gelöst hat. Die Speisestärke mit etwas kaltem Wasser verquirlen, in den kochenden Saft rühren und in 2 Min. sämig einkochen lassen. Kirschen und Kirschwasser zugeben, nochmals aufkochen und auskühlen lassen.

6 Die Sahne steif aufschlagen und in den Spritzbeutel füllen. Die Törtchen aus dem Tiefkühlgerät nehmen, kurz in heißes Wasser tauchen und aus den Förmchen lösen. Die Folie abziehen. Die Törtchen mit Kirschen belegen und mit Schlagsahne verzieren. Mit Schokospänen bestreut servieren.

Muttertagsherz
mit Rosenwasser

Für unsere Lieben nur das Beste

Für 2 Personen
100 g Erdbeeren
1 Spritzer Zitronensaft
100 ml Milch (3,8 % Fett)
2 Eigelbe (Größe M)
40 g Zucker
200 g Sahne
1 TL Rosenwasser
 (aus der Apotheke)
Für die Dekoration:
8–10 kleine Erdbeeren
100 g Sahne
2 EL gehackte Pistazien
Außerdem:
Herzform (500 ml Inhalt, 15 cm Ø)
Spritzbeutel mit kleiner Sterntülle

Zubereitung: 35 Min.
Frieren: 8 Std.

Pro Portion: ca. 690 kcal, 9 g EW
57 g F, 33 g KH

1 Die Erdbeeren behutsam waschen, trocken tupfen und entkelchen. Zusammen mit dem Zitronensaft mit einem Mixstab fein pürieren. Die Milch in einem kleinen Topf aufkochen lassen. In einem zweiten Topf ein heißes Wasserbad vorbereiten (s. S. 13).

2 Eigelbe und Zucker in einem Schlagkessel mit dem Schneebesen glatt verrühren. Die heiße Milch zügig unter Rühren in die Eigelb-Zucker-Mischung gießen. Die Schüssel auf das heiße Wasserbad setzen und mit einem Gummispatel zur Rose abziehen (s. S. 13).

3 Die Masse in eine kalte Schüssel gießen. Die Schüssel auf ein kaltes Wasserbad setzen und die Masse kalt rühren.

4 Die Sahne mit dem Handrührgerät cremig fest aufschlagen. Das Erdbeerpüree und das Rosenwasser unter die abgekühlte Parfaitmasse ziehen. Die Sahne behutsam unterheben.

5 Die Form mit feuchter Frischhaltefolie auslegen (s. S. 90). Die Parfaitmasse einfüllen und die Form mehrmals auf die Arbeitsfläche klopfen. Mit der überstehenden Folie abdecken und mindestens 8 Std. oder über Nacht ins Tiefkühlgerät stellen.

6 Für die Dekoration die Erdbeeren waschen, trocken tupfen und entkelchen. Die Früchte halbieren. Die Sahne steif schlagen. Das Herz aus dem Tiefkühlgerät nehmen, kurz in heißes Wasser tauchen und stürzen. Die Folie abziehen. Den Rand außen dünn mit Sahne bestreichen und mit Pistazien bestreuen. Die restliche Sahne in den Spritzbeutel füllen und kleine Röschen auf das Herz spritzen. Das Muttertagsherz mit den Erdbeeren belegen.

Tipp Besonders hübsch sieht das Herz aus, wenn Sie zusätzlich noch Liebesperlen und Zuckerblümchen aufstreuen.

Baisertürmchen
mit Krokant und Gewürzsahne

Opulent, raffiniert und gar nicht schwer

Für 6 Stück
2 Eiweiße (Größe M)
1 Prise Salz
70 g Zucker
30 g Puderzucker
2 Cantuccini
 (20 g, ital. Mandelgebäck)
300 g Sahne
1 Päckchen Vanillezucker
1 Msp. gemahlener Zimt
1 Msp. gemahlener Kardamom
1 Msp. gemahlener Piment
6 große Kugeln Mokkaeis (s. S. 39)
2 TL Haselnusskrokant
 (Fertigprodukt)
Außerdem:
Backpapier
Spritzbeutel mit Lochtülle 6 mm
 und großer Sterntülle

Zubereitung: 35 Min.
Backen: 12 Std.

Pro Portion: ca. 365 kcal, 5 g EW
22 g F, 36 g KH

1 Den Backofen auf 80° (Umluft, Ober- und Unterhitze 100°) vorheizen. Ein Backblech mit Backpapier belegen. Die Eiweiße mit Salz in einer sauberen Schüssel mit dem Handrührgerät in etwa 3 Min. zu steifem, glänzendem Schnee schlagen. Dabei den Zucker nach und nach einrieseln lassen. Zuletzt den Puderzucker einrühren.

2 Die Eiweißmasse in den Spritzbeutel mit Lochtülle füllen und spiralförmig 12 flache Kreise (6–7 cm Ø) aufs Blech spritzen. Auf den äußeren Rand jeweils einen weiteren flachen Kreis aufspritzen. Die Cantuccini grob zerstoßen und auf den äußeren Rand streuen.

3 Die Baisers im Backofen (Mitte) etwa 4 Std. trocknen lassen. Den Ofen ausschalten, einen Kochlöffel zwischen Ofen und Tür klemmen und die Baisers nochmals mindestens 8 Std. oder über Nacht im Ofen trocknen lassen.

4 Die Baisers aus dem Ofen nehmen und vom Backpapier lösen. Die Sahne mit dem Vanillezucker mit dem Handrührgerät steif schlagen. Zimt, Kardamom und Piment unterziehen.

5 Zum Anrichten je 1 Baiser auf einen Teller legen, je 1 Kugel Mokkaeis in die Mitte setzen und mit je 1 Baiser abdecken. Leicht zusammendrücken. Die Sahne in den Spritzbeutel mit Sterntülle füllen und jeweils eine große Rosette aufspritzen. Die Türmchen mit Krokant bestreuen und sofort servieren.

Tipp Für eine perfekte Form die Eiskugeln in einen Ausstechring (6 cm Ø) drücken, glatt streichen und den Ring abziehen.

Panettone aus dem Eis

Verführung auf Italienisch

Für 4 Personen

30 g Rosinen
3 EL Rum
1 Vanilleschote
120 ml Milch (3,8 % Fett)
1 Msp. gemahlener Zimt
2 Eigelbe
50 g Zucker
300 g Sahne
1 Msp. abgeriebene Bio-
  Zitronenschale
1 Msp. abgeriebene Bio-
  Orangenschale
2 EL Mandelblättchen
Puderzucker zum Bestäuben
Außerdem:
hoher Becher (700 ml Inhalt)

Zubereitung: 30 Min.
Marinieren: 6 Std.
Frieren: 6 Std.

Pro Portion: ca. 425 kcal, 6 g EW
31 g F, 26 g KH

1 Die Rosinen in einer kleinen Schüssel mit Rum beträufeln und mindestens 6 Std. oder über Nacht marinieren lassen. Die Vanilleschote längs aufritzen und das Mark herausschaben. Schote und Mark mit Milch und Zimt in einem kleinen Topf aufkochen lassen. In einem zweiten Topf ein heißes Wasserbad vorbereiten (s. S. 13).

2 Eigelbe und Zucker in einem Schlagkessel mit dem Schneebesen glatt verrühren. Die heiße Milch zügig unter Rühren in die Eigelb-Zucker-Mischung gießen. Die Schüssel auf das heiße Wasserbad setzen und mit einem Gummispatel zur Rose abziehen (s. S. 13). Die Vanille-masse durch ein feines Sieb in eine kalte Schüssel streichen und auf einem kalten Wasserbad kalt rühren.

3 Die Sahne mit dem Handrührgerät cremig fest aufschlagen. Rum-rosinen, Zitronen- und Orangenschale unter die Vanillemasse ziehen. Die Sahne nach und nach behutsam unterheben.

4 Den Becher mit feuchter Frischhaltefolie auslegen (s. S. 90). Die Parfaitmasse einfüllen und mit der überstehenden Folie abdecken. Mindestens 6 Std. oder über Nacht tiefkühlen.

5 Die Mandelblättchen in einer kleinen Pfanne ohne Fett bei mittle-rer Hitze in 3 Min. goldbraun rösten. Auf einem Teller auskühlen lassen.

6 Den Panettone aus dem Tiefkühlgerät nehmen, kurz in heißes Wasser tauchen und stürzen. Die Folie abziehen. Das Parfait mit den Mandeln bestreuen und mit Puderzucker bestäuben. Den Panettone noch 20 Min. antauen lassen, dann mit einem langen Messer in Spal-ten schneiden und servieren.

Tipp Ganz besonders schön gelingt der Panettone in einem frisch gekauften Blumentopf (12 cm Ø). Verschließen Sie das Bodenloch mit Alufolie und umwickeln Sie den Topfboden auch außen mit Folie. So dringt die Parfaitmasse nicht durch.

PIKANT
GEFROSTETES

Eis muss nicht unbedingt süß sein, wie die Rezepte auf den folgenden Seiten zeigen. Auch aus frischen Kräutern und Gemüse lässt
sich wunderbar Eis, Sorbet und Granité herstellen. Probieren Sie
überraschend andere Erfrischungen.

Gurken-Joghurt-Eis
mit Sesamsaat

Cremige Erfrischung

Für etwa 550 g Eis
50 g Zucker
350 g Salatgurke
2 Zweige frischer Dill
100 g griechischer Joghurt
 (10 % Fett)
1 Prise Salz
2 Prisen Sesamsaat
 (aus dem Bioladen)
200 g Sahne

Zubereitung: 20 Min.
Frieren: 30–60 Min.

Pro Portion: ca. 245 kcal, 2 g EW
18 g F, 16 g KH

1 Den Zucker mit 50 ml Wasser in einem kleinen Topf (18 cm Ø) aufkochen. Bei schwacher Hitze 2–3 Min. köcheln lassen, bis sich der Zucker gelöst hat. Den Sirup vom Herd nehmen und vollständig auskühlen lassen.

2 Die Gurke waschen und mit einem Sparschäler streifig schälen. Die Gurke längs halbieren und die Kerne mit einem Löffel herausschaben. Das Fruchtfleisch in grobe Würfel schneiden und in ein hohes Gefäß geben. Den Dill waschen und trocken schütteln. Die Spitzen abzupfen und grob hacken.

3 Dillspitzen, Joghurt und den Zuckersirup zu den Gurken geben. Alles mit dem Pürierstab fein mixen. Den Gurkenjoghurt mit Salz und Sesamsaat würzen. Die Sahne untermixen. Die Mischung in die Eismaschine füllen und cremig fest frieren lassen.

4 Das Gurkeneis aus der Eismaschine schaben und sofort in gefrosteten Bechern servieren oder in einem Gefrierbehälter tiefkühlen.

Tipp Die Becher oder Schälchen 2 Std. vor dem Servieren ins Tiefkühlgerät stellen. So kommt das Gurken-Joghurt-Eis bestimmt eisgekühlt auf den Tisch. Das Eis nach Wunsch noch mit frischen Dillspitzen und Gurkenstiften garnieren.

Möhren-Orangen-Eis
mit Ingwer und Olivenöl

Fruchtig und leicht

Für etwa 500 g Eis

30 g Zucker
500 g Bio-Möhren
1 walnussgroßes Stück
  frischer Ingwer
2 Eiweiße (Größe M)
150 ml frisch gepresster
  Orangensaft
1 EL Olivenöl

Außerdem:

elektrischer Entsafter

Zubereitung: 25 Min.
Frieren: 30–60 Min.

Pro Portion: ca. 105 kcal, 3 g EW
3 g F, 16 g KH

1 Den Zucker mit 100 ml Wasser in einem kleinen Topf (20 cm Ø) aufkochen. Bei schwacher Hitze 2–3 Min. köcheln lassen, bis sich der Zucker gelöst hat. Den Sirup vom Herd nehmen und vollständig auskühlen lassen.

2 Die Möhren gründlich waschen und die Enden abschneiden. Je nach Größe längs halbieren oder vierteln und im Entsafter entsaften. Den Ingwer schälen und auf einer Küchenreibe fein reiben.

3 Die Eiweiße in einer sauberen Schüssel mit dem Handrührgerät zu cremigem, nicht zu festem Schnee schlagen. Die Eiweißmasse gut mit dem Möhren- und Orangensaft verrühren. Ingwer und Olivenöl unterheben. Die Mischung nochmals gut durchrühren, in die Eismaschine füllen und cremig fest frieren lassen.

4 Das Möhren-Orangen-Eis aus der Eismaschine schaben und sofort in Förmchen servieren oder in einem Gefrierbehälter tiefkühlen.

Tipp Das Möhren-Orangen-Eis ist eine schmackhafte Erfrischung bei nur wenigen Kalorien – ideal für Ernährungsbewusste.

Basilikumsorbet
mit gerösteten Macadamianüssen

Grüne Kühle

Für etwa 300 g Sorbet
40 g Zucker
100 ml Weißwein
½ Bio-Limette
3 Eiweiße (Größe M)
1 Bund Basilikum (abgezupft 20 g)
30 g gesalzene Macadamianüsse

Zubereitung: 20 Min.
Kühlen: 1 Std.
Frieren: 30–60 Min.

Pro Portion: ca. 125 kcal, 4 g EW
5 g F, 11 g KH

1 Den Zucker mit Weißwein und 100 ml Wasser und in einem kleinen Topf (20 cm Ø) mischen. Die Limette heiß abwaschen und trocknen. Mit dem Sparschäler ein 6–8 cm langes Stück Schale abziehen und zur Zuckermischung geben. Die Mischung aufkochen und bei schwacher Hitze 2–3 Min. köcheln lassen, bis sich der Zucker gelöst hat. Den Sirup vom Herd nehmen und vollständig auskühlen lassen. Die Limettenschale entfernen.

2 Die Limettenhälfte gut auspressen. Die Eiweiße in einer sauberen Schüssel mit dem Handrührgerät zu cremigem, nicht zu festem Schnee schlagen. Die Eiweißmasse mit Zuckersirup und Limettensaft verrühren. Die Mischung 1 Std. ins Tiefkühlgerät stellen, bis sie eiskalt ist.

3 Inzwischen das Basilikum waschen, trocken schütteln und abzupfen. Die Blätter in ein hohes Gefäß geben und kühl stellen. Die Eiweißmischung aus dem Tiefkühlgerät nehmen und zum Basilikum gießen. Alles mit dem Pürierstab möglichst schnell fein mixen. Die Basilikummischung in die Eismaschine füllen und cremig fest frieren lassen.

4 In der Zwischenzeit die Macadamianüsse grob hacken und in einer Pfanne ohne Fett in etwa 3 Min. goldbraun rösten. Auf einem Teller abkühlen lassen.

5 Das Basilikumsorbet aus der Eismaschine schaben und in gefrosteten Gläsern oder Schälchen anrichten oder in einem Gefrierbehälter tiefkühlen. Mit den Nüssen bestreuen und sofort servieren.

Tipp Das Basilikumsorbet ist der Renner an heißen Sommertagen. Es schmeckt als Aperitif, als kühlender Zwischengang während eines Menüs oder auch danach. Servieren Sie es am besten frisch aus der Eismaschine.

Tomaten-Granité
mit Gin und Garnelen

Aperitif für heiße Sommertage

Für etwa 400 g Granité
(6 Personen)
1 Dose stückige Tomaten (400 g)
einige Spritzer Worcestersauce
einige Spritzer Tabasco
  (oder 1 Msp. Cayennepfeffer)
2 Prisen Selleriesamen
  (aus dem Bioladen)
1 EL Puderzucker
2 EL Gin
1 Spritzer Zitronensaft
Salz | schwarzer Pfeffer aus
  der Mühle
12 Partygarnelen
  (120 g, gegart und geschält)
12 mittelgroße Basilikumblätter
Außerdem:
flache Form (etwa 18 x 30 cm)
6 Gläser oder Schalen

Zubereitung: 20 Min.
Frieren: 12 Std.

Pro Portion: ca. 50 kcal, 5 g EW
1 g F, 5 g KH

1 Die Form und die Gläser ins Tiefkühlgerät stellen. Die Tomaten in ein hohes Gefäß gießen. Worcestersauce, Tabasco, Selleriesamen, Puderzucker, Gin und Zitronensaft zugeben und alles mit dem Pürierstab fein mixen. Das Püree mit Salz und Pfeffer pikant abschmecken.

2 Das Tomatenpüree in die gefrostete Form gießen und ins Tiefkühlgerät stellen. Nach etwa 2 Std. mit einer Gabel oder einem Schneebesen durchrühren. Diesen Vorgang noch drei- bis viermal alle 30 Min. wiederholen. Sobald das Granité fester wird, nur noch mit der Gabel auflockern. Das fertige Granité mindestens 8 Std. oder über Nacht durchfrieren lassen.

3 Die Garnelen in einem Sieb kurz kalt abspülen und gut abtropfen lassen. Eventuell verbliebene Schwanzreste entfernen. 6 Garnelen in kleine Stücke schneiden. Die Basilikumblätter waschen und trocken schütteln. 6 Blätter in feine Streifen schneiden und mit den Garnelenstückchen mischen.

4 Das Tomatengranité mit einem Löffel etwas lösen. Etwa die Hälfte davon in die gefrosteten Gläser füllen. Die Garnelenstückchen daraufgeben und das restliche Granité darauf verteilen. Mit je 1 Garnele und 1 Basilikumblatt dekorieren und sofort servieren.

Paprikasorbet
mit Vanille und Chili

Ungewöhnliche Aromakombination

Für etwa 450 g Sorbet
½ Vanilleschote
3 gestrichene EL Zucker
3 rote Paprikaschoten (600 g)
2 Eiweiße (Größe M)
1 Prise getrocknete Chiliflocken
1 Spritzer Zitronensaft
Außerdem:
elektrischer Entsafter

Zubereitung: 30 Min.
Frieren: 30–60 Min.

Pro Portion: ca. 75 kcal, 3 g EW
1 g F, 15 g KH

1 Die Vanilleschote mit einem kleinen scharfen Messer längs aufritzen und das Mark mit dem Messerrücken herausschaben.

2 Den Zucker mit 100 ml Wasser, Vanilleschote und -mark in einem kleinen Topf (20 cm Ø) aufkochen. Bei schwacher Hitze 2–3 Min. köcheln lassen, bis sich der Zucker gelöst hat. Den Sirup vom Herd nehmen und vollständig auskühlen lassen. Die Vanilleschote entfernen.

3 Die Paprikaschoten waschen, halbieren, entkernen und weiße Samenwände entfernen. Die Paprikahälften in grobe Stücke schneiden und im Entsafter entsaften.

4 Die Eiweiße in einer sauberen Schüssel mit dem Handrührgerät zu cremigem, nicht zu festem Schnee schlagen. Die Eiweißmasse mit Zuckersirup, Paprikasaft, Chiliflocken und Zitronensaft verrühren. Die Paprikamischung in die Eismaschine füllen und cremig fest frieren lassen.

5 Das Paprikasorbet aus der Eismaschine schaben und sofort servieren oder in einem Gefrierbehälter tiefkühlen.

Tipp Füllen Sie das Sorbet zum Servieren in einen Spritzbeutel mit großer Sterntülle und portionieren Sie es in kleine, geputzte Paprikaschoten. Dann auf Crash-Eis setzen und zum Aperitif reichen.

DIE BESTEN SAUCEN

Lieber vollfruchtig, feinwürzig, karamellig oder schön
schokoladig? Unsere schnell gerührten Saucen ergänzen
selbst gemachtes Eis und Geeistes ganz wunderbar.
Da finden Sie schnell Ihre Lieblingssauce.

Vanillesauce mit Zimt und Piment

Feinwürzig

Für 4 Personen
1 Vanilleschote
500 ml Milch (3,8 % Fett)
5 Eigelbe (Größe M)
40 g Zucker
1 Prise gemahlener Zimt
1 Prise gemahlener Piment

Zubereitung: 20 Min.
Pro Portion: ca. 215 kcal, 8 g EW
13 g F, 16 g KH

1 Die Vanilleschote mit einem scharfen Messer längs aufritzen und das Mark mit dem Messerrücken herausschaben. Schote und Mark mit der Milch in einem kleinen Topf aufkochen lassen. In einem zweiten Topf ein heißes Wasserbad vorbereiten (s. S. 13).

2 Die Eigelbe mit Zucker, Zimt und Piment in einem Schlagkessel mit dem Schneebesen glatt verrühren. Die heiße Vanillemilch zügig durch ein Sieb unter Rühren in die Eigelb-Zucker-Mischung gießen. Die Schüssel auf das heiße Wasserbad setzen und mit einem Gummispatel zur Rose abziehen (s. S. 13).

3 Die Schüssel auf ein kaltes Wasserbad setzen und die Sauce etwas kalt rühren. Die Vanillesauce z. B. zu Eissorten wie Schokolade, Praline oder Zwetschge servieren.

Luftiges Pfirsich-Orangen-Sabayon

Feinfruchtig

Für 4 Personen
1 Orange
2 EL Pfirsichlikör
3 Eigelbe (Größe M)
1 EL brauner Zucker

Zubereitung: 15 Min.
Pro Portion: ca. 160 kcal, 2 g EW
11 g F, 13 g KH

1 Die Orange halbieren und auspressen. 100 ml Saft abmessen. Den Saft mit Pfirsichlikör, Eigelben und Zucker in einem Schlagkessel mit dem Schneebesen glatt verrühren.

2 In einem Topf ein heißes Wasserbad vorbereiten (s. S. 13). Den Schlagkessel auf das heiße Wasserbad setzen und die Eigelbmischung mit dem Schneebesen in 3–4 Min. zu einer cremig glänzenden Masse aufschlagen.

3 Die Schüssel auf ein kaltes Wasserbad setzen und die Schaummasse in 2–3 Min. lauwarm schlagen. Das Sabayon passt z. B. zum Schokoladeneis (s. S. 27) oder zum Gebackenen Vanilleeis (s. S. 110).

Goldbraune Karamellsauce

Schön samtig

Für 4 Personen
40 g Zucker
120 ml Milch (3,8 % Fett)
120 g Sahne
1 gestrichener TL Speise-
  stärke

Zubereitung: 20 Min.
Pro Portion: ca. 160 kcal, 2 g EW, 11 g F, 13 g KH

1 Den Zucker in einen kleinen Topf (18 cm Ø) streuen und bei mittlerer Hitze hellbraun karamellisieren lassen (s. S. 13). Mit Milch und Sahne ablöschen und aufkochen lassen.

2 Die Stärke mit etwas kaltem Wasser verquirlen und in die kochende Karamellsauce rühren. Die Sauce unter Rühren in 2–3 Min. sämig einkochen lassen.

3 Die Sauce vom Herd nehmen und lauwarm abkühlen lassen. Dabei regelmäßig umrühren. Kurz vor dem Servieren mit dem Pürierstab aufmixen und z.B. zu den Geeisten Brownies (s. S. 94) reichen.

Schokoladensauce mit Chili

Schön cremig

Für 4 Personen
100 g Zartbitterkuvertüre
50 g Zucker
50 g Sahne
1 EL Rum (nach Wunsch)
1 Prise getrocknete Chiliflocken

Zubereitung: 15 Min.
Pro Portion: ca. 230 kcal, 2 g EW, 12 g F, 26 g KH

1 Die Zartbitterkuvertüre grob hacken. Den Zucker mit 50 ml Wasser in einem kleinen Topf (18 cm Ø) aufkochen. Bei schwacher Hitze 2–3 Min. köcheln lassen, bis sich der Zucker vollständig gelöst hat.

2 Die Kuvertüre im Zuckersirup schmelzen lassen und mit einem Kochlöffel glatt rühren. Die Sahne und nach Wunsch den Rum einrühren und alles nochmals kurz aufkochen lassen.

3 Die Sauce mit den Chiliflocken würzen, vom Herd nehmen und lauwarm abkühlen lassen. Dabei regelmäßig umrühren. Die Schokoladensauce schmeckt z.B. zum Torrone-Parfait (s. S. 93).

Mango-Aprikosen-Sauce

Exotisches Fruchtwunder

Für 4 Personen
½ reife Mango (150 g Fruchtfleisch)
4 reife Aprikosen (160 g)
40 g Zucker
100 ml frisch gepresster Orangensaft

Zubereitung: 25 Min.
Pro Portion: ca. 90 kcal, 1 g EW, 1 g F, 20 g KH

1   Die Mango schälen und das Fruchtfleisch in groben Würfeln vom Stein schneiden. Die Aprikosen waschen, halbieren, entkernen und in grobe Stücke schneiden.

2   Den Zucker in einen kleinen Topf (18 cm Ø) streuen und hellbraun karamellisieren lassen (s. S. 13). Mit Orangensaft ablöschen und bei schwacher Hitze 1 Min. köcheln lassen.

3   Die Mango- und Aprikosenstücke in den Karamellsud geben und bei mittlerer Hitze 2 Min. köcheln lassen. Die Früchte samt Sud in ein hohes Gefäß füllen und mit dem Pürierstab fein mixen. Die Sauce auskühlen lassen und z.B. zum Piña-colada-Eis (s. S. 81) oder zum Milchreis-Eis (s. S. 77) servieren.

Erdbeersauce mit schwarzem Pfeffer

Heimischer Klassiker

Für 4 Personen
300 g Erdbeeren
2 EL Puderzucker
1 Spritzer Zitronensaft
schwarzer Pfeffer aus der Mühle

Zubereitung: 10 Min.
Pro Portion: ca. 55 kcal, 1 g EW, 1 g F, 12 g KH

1   Die Erdbeeren behutsam waschen, trocken tupfen und entkelchen. Die Früchte je nach Größe halbieren oder vierteln.

2   Die Erdbeeren mit Puderzucker und Zitronensaft in ein hohes Gefäß geben und mit dem Pürierstab fein mixen. Das Fruchtpüree durch ein feines Sieb streichen und mit schwarzem Pfeffer abschmecken. Die Erdbeersauce passt z.B. zur Eistorte (s. S. 106) oder auch zum Milchreis-Eis (s. S. 77).

Schnelle Himbeersauce mit Schuss

Samtig zart

Für 4 Personen
300 g tiefgekühlte Himbeeren
1 Spritzer Zitronensaft
1 EL Puderzucker
1 TL Himbeergeist (nach Wunsch)

Zubereitung: 10 Min.
Pro Portion: ca. 35 kcal, 1 g EW, 1 g F, 6 g KH

1 Die Himbeeren auftauen lassen. Die Früchte mit Zitronensaft und Puderzucker in ein hohes Gefäß geben und mit dem Pürierstab fein mixen.

2 Den Himbeergeist nach Wunsch unterziehen und das Fruchtpüree durch ein feines Sieb streichen. Die Himbeersauce schmeckt zu allen cremigen Eissorten.

Tipp Essen Kinder mit, dann lassen Sie den Himbeergeist natürlich weg.

Blaubeerragout mit Vanille und Lorbeer

Beerig gut

Für 4 Personen
250 g Waldblaubeeren (oder Heidelbeeren)
1 Vanilleschote
50 g Zucker
200 ml Heidelbeersaft
  (Direktsaft, aus dem Bioladen)
1 Lorbeerblatt
1 TL Speisestärke

Zubereitung: 10 Min.
Pro Portion: ca. 95 kcal, 1 g EW, 1 g F, 20 g KH

1 Die Blaubeeren behutsam waschen, verlesen und in einem Sieb gut abtropfen lassen. Die Vanilleschote mit einem kleinen scharfen Messer längs aufritzen und das Mark mit dem Messerrücken herausschaben. Schote und Mark mit Zucker, Heidelbeersaft und Lorbeerblatt in einem Topf (20 cm Ø) aufkochen lassen.

2 Die Stärke mit etwas kaltem Wasser verquirlen, in die kochende Sauce rühren und 1 Min. köcheln lassen. Die Blaubeeren einstreuen und nochmals 1 Min. köcheln lassen. Das Ragout vom Herd nehmen und auskühlen lassen. Zu den Windbeuteln (s. S. 109) oder zum Sauerrahmeis (s. S. 28) servieren.

Tipp Außerhalb der Blaubeersaison können Sie das Ragout auch mit tiefgekühlten Heidelbeeren zubereiten.

Rezeptregister

Eissorten

Impressum

DIE AUTORIN

Monika Schuster, ist gelernte Köchin und Küchenmeisterin, die u.a. die Ladengastronomie des renommierten Feinschmeckerparadieses »Dallmayr« in München leitete. Neben Rezeptentwicklungen für Großmeister Eckart Witzigmann und für zahlreiche Industriekunden arbeitet sie auch als Food-Stylistin, u.a. für dieses Buch. Bei GU sind von ihr das mit einer Goldmedaille der GAD prämierte Buch »Niedrigtemperatur – Fleisch und Fisch sanft garen« sowie der Titel »Food for Love« und »Echte Klassiker, die jeder liebt« erschienen.

DER FOTOGRAF

Klaus-Maria Einwanger setzt in seiner Foodartfactory mit Leidenschaft Essen in Kunst um. Seine atmosphärisch dichten Bilder machen Lust auf mehr und zeichnen sich besonders durch die liebevollen Details und das stimmungsvolle Licht aus. Ort des Wirkens sind seine Studios in Rosenheim und London. Bei diesem Buch wurde er von Monika Schuster und Anka Köhler im Food-Styling unterstützt. Rund um Ausstattung und Styling bewies Alexandra Holzer ihr Können und ihren Geschmack. Als Assistenten waren Sandra Mayer, Toni Maier und Max Wohllaib im Einsatz, die Bildbearbeitung lag bei Christian Kempf.

BILDNACHWEIS

Alle Bilder stammen von Klaus-Maria Einwanger, Rosenheim

TITELBILDREZEPT

Erdbeereis, Seite 23, ohne Aceto-balsamico-Dekoration

Projektleitung: Stephanie Wenzel
Lektorat: Petra Teetz
Korrektorat: Mischa Gallé
Versuchsküche: Anka Köhler, Küchenmeisterin, München
Umschlaggestaltung und Innenlayout: independent Medien-Design, Horst Moser, München
Herstellung: Renate Hutt
Satz: Maren Gehrmann, Germering
Reproduktion: Wahl Media GmbH, München
Druck: Firmengruppe APPL, aprinta druck, Wemding
Bindung: Firmengruppe APPL, sellier druck, Freising

ISBN 978-3-8338-1441-9

Syndication:
www.jalag-syndication.de

Wir danken der Firma W.F. Kaiser u. Co. GmbH, www.kaiser-backform.de, für die in der Fotoproduktion verwendeten Backformen und Küchenhelfer.

3. Auflage 2011

GRÄFE UND UNZER

Ein Unternehmen der
GANSKE VERLAGSGRUPPE